Explorando los

LUGARES CELESTIALES

Milagros en la Montaña del Señor

VOLUMEN 6

Den gracias al Señor y proclamen su grandeza; que todo el mundo sepa lo que él ha hecho. (1 Crónicas 16:8)

Rob Gross

EXPLORANDO LOS LUGARES CELESTIALES
VOLUMEN 6

Milagros en la Montaña del Señor

Por Rob Gross

Family Legacy Publications
PO Box 6353
Kaneohe, HI 96744
808-236-4144
www.familylegacyinternational.org

Todos los derechos reservados. Ninguna parte de este libro puede ser reproducida o transmitida de ninguna forma - por ningún medio electrónico o mecánico, incluyendo fotocopia, grabación o por cualquier sistema de almacenamiento y de recuperación de información - sin el permiso escrito de los autores, salvo lo dispuesto por las leyes de derechos de autor de los Estados Unidos de América. La reproducción no autorizada es una violación de las leyes federales y espirituales.

Versión Reina-Valera 1960 © Sociedades Bíblicas en América Latina, 1960. Renovado © Sociedades Bíblicas Unidas, 1988.

La Santa Biblia, Nueva Traducción Viviente, © Tyndale House Foundation, 2010. Todos los derechos reservados. Nueva Traducción Viviente (NTV).

Traducción Lenguaje Actual (TLA) Copyright © 2000 por las Sociedades Bíblicas Unidas.

Las definiciones en griego fueron tomadas de la *Concordancia Strong Exhaustiva Hebreo* http://bibliaparalela.com/hebrew/
Las definiciones en hebreo fueron tomadas de la *Concordancia Strong Exhaustiva Griego* http://bibliaparalela.com/greek/

Derechos de autor 2016, por Rob Gross
Todos los derechos reservados.
Edición: Barbara Kain Parker
Traducción: Alma Arellano www.trans4nations.com
Revisión y Edición en Español: Silvana Mercado www.trans4nations.com
Diseño de Portada: Brodie Schmidtke
ISBN 978-1-5136-3349-7

Impreso en los Estados Unidos de América

Dedico este libro a mi esposa, Barbara, quien ha ayudado a facilitar la sanidad en mi vida de múltiples maneras.

TABLA DE CONTENIDOS

PRÓLOGO 1
INTRODUCCIÓN..2
CAPÍTULO 1:   El Señor del Irrumpimiento 5
CAPÍTULO 2:   El Camino a la Sanidad 8
CAPÍTULO 3:   ¡Quiero a Mi Iglesia de Regreso!..............17
CAPÍTULO 4:   Avivamiento, Revolución, Reforma.......23
CAPÍTULO 5:   De Huérfanos a Hijos e Hijas 29
CAPÍTULO 6:   Milagros en La Montaña del Señor 35
CAPÍTULO 7:   La Ansiedad, El Miedo y El Estrés 39
CAPÍTULO 8:   Milagros en la Tienda Macy's 42
CAPÍTULO 9:   Pruébame Otra Vez; ¡Estoy Sano!.........48
CAPÍTULO 10: Libre de la Profundidad Impía................50
CAPÍTULO 11: Evangelismo Amistoso 59
CAPÍTULO 12: Un Giro Dramático 64
CAPÍTULO 13: Pañuelos, Delantales y Carpetas de Papel...........66
CAPÍTULO 14: El Cáncer - ¡Se Fue!....................................69
CAPÍTULO 15: Saltando de Alegría 74
CAPÍTULO 16: La Alta Presión es Sanada 76
CAPÍTULO 17: Mancha Amenazadora Desaparece.....80
CAPÍTULO 18: ¡El Dolor se Fue!..83
CAPÍTULO 19: El Correo de las Maravillas 85
CAPÍTULO 20: Aneurisma Cerebral Masivo, Sanado ...87
CAPÍTULO 21: Asma, Sanado 89
CAPÍTULO 22: Los Oídos Son Abiertos 92
CAPÍTULO 23: Dios Ama a Los Hindúes 93

CAPÍTULO 24: Milagros Sobre Las Migrañas 94

CAPÍTULO 25: ¡Dios Sana a Través de Nosotros – A Pesar de Nosotros! 97

CAPÍTULO 26: Una Pareja Budista se Vuelve a Jesús 100

CAPÍTULO 27: Los Niños No Tienen un Espíritu Santo de Niños 102

CAPÍTULO 28: La Bota del Bombero 104

CAPÍTULO 29: Un Milagro sobre Maui 107

CAPÍTULO 30: No Más Esterilidad 113

CAPÍTULO 31: Irrumpimientos Inesperados 115

CAPÍTULO 32: Rescatada de la Playa 121

CAPÍTULO 33: Milagro en el Mercado "Farmer's Market" 124

CAPÍTULO 34: Milagro de Recuperación a Largo Plazo 126

CAPÍTULO 35: Irrumpimientos Dimensionales 128

CAPÍTULO 36: El Poder de la Oración Desesperada 134

CAPÍTULO 37: Hasta… 138

CAPÍTULO 38: Pensamientos Finales 146

APÉNDICE: ¿Ha Usted Recibido a Jesús? 151

GLOSARIO DE TÉRMINOS 152

ACERCA DEL AUTOR 157

PRÓLOGO

"¿Dónde está la carne?" No puedo imaginar cuántas veces he dicho esto en los últimos años. Esta clásica frase se originó con un comercial de Wendy's de 1984, y se hizo famoso por la actriz Clara Peller. Para mi significa, "¿Dónde está la evidencia?" ¿Por qué diría yo esto? Porque quiero ver resultados tangibles de sanidad, por medio de la utilización del ministerio de la revelación que nos ha sido mostrado por el Señor. ¡Él ha escuchado mi petición! No hace mucho, estaba hablando con un amigo que no sabía de mi conversación privada con el Señor sobre 'la carne' cuando se volvió hacia mí y me dijo, "El Señor me acaba de decir que te diga que Él te va a mostrar 'la carne'." La verdad es que el Señor nos está mostrando 'la carne', y este libro es parte de ello.

Rob Gross, pastor principal de Mountain View Community Church in Kaneohe, Hawái, está constantemente implementando la revelación que el Señor nos da sobre los lugares celestiales, mientras entrena gente en cómo ministrar a otros. *Explorando los Lugares Celestiales, Milagros en la Montaña del Señor* contiene testimonios de cómo la sanidad ha ocurrido utilizando no solo la revelación de Aslan's Place, pero también de muchos otros ministerios. El libro contiene historias de sanidades reales y duraderas como así también, enseñanzas de cómo implementar la revelación Bíblica en la ministración a otros. Este no es un libro del ¿cómo? sino que enseña cómo "podemos hacer lo que el Padre está haciendo"[1] como lo hizo Jesús. Rob está convencido de que el Reino de Dios no es solo cuestión de hablar sino del Poder- el Poder de Dios.[2] Usted está a punto de leer historias verdaderas de personas que han sido tocadas por el Poder de Dios. Prepárese para que su fe sea sacudida, para creer que la iglesia ya no tiene que conformarse con hacer las cosas como siempre.

[1] Juan 5:19
[2] Lea más sobre el Poder de Dios en *Explorando los Lugares Celestiales, Poder en Los Lugares Celestiales* y *Explorando Los Lugares Celestiales, El Poder de Dios en la Tierra como en el Cielo* (Volúmenes 4 y 5).

INTRODUCCIÓN

En toda la Biblia leemos hermosas escrituras que declaran el maravilloso poder de Dios para sanar:

El Espíritu del Señor está sobre mí, porque me ha ungido para llevar la Buena Noticia a los pobres. Me ha enviado a proclamar que los cautivos serán liberados, que los ciegos verán, que los oprimidos serán puestos en libertad, y que ha llegado el tiempo del favor del Señor.[1]

Y saben que Dios ungió a Jesús de Nazaret con el Espíritu Santo y con poder. Después Jesús anduvo haciendo el bien y sanando a todos los que eran oprimidos por el diablo, porque Dios estaba con él.[2]

Les digo la verdad, todo el que crea en mí hará las mismas obras que yo he hecho y aún mayores, porque voy a estar con el Padre.[3]

[Jesús dijo,] "Estas señales milagrosas acompañarán a los que creen: expulsarán demonios en mi nombre y hablarán nuevos idiomas. Podrán tomar serpientes en las manos sin que nada les pase y, si beben algo venenoso, no les hará daño. Pondrán sus manos sobre los enfermos, y ellos sanarán. Y los discípulos fueron por todas partes y predicaron, y el Señor actuaba por medio de ellos confirmando con muchas señales milagrosas lo que decían.[4]

Así que los creyentes que se esparcieron predicaban la Buena Noticia acerca de Jesús adondequiera que iban. Felipe, por ejemplo, se dirigió a la ciudad de Samaria y allí le contó a la gente acerca del Mesías. Las multitudes escuchaban atentamente a Felipe, porque estaban deseosas de oír el mensaje y ver las señales milagrosas que él hacía. Muchos espíritus malignos fueron expulsados, los cuales gritaban cuando salían de sus víctimas; y muchos que habían sido paralíticos o cojos fueron sanados. Así que hubo mucha alegría en esa ciudad.[5]

¿Alguno de ustedes está pasando por dificultades? Que ore. ¿Alguno está feliz? Que cante alabanzas. ¿Alguno está enfermo? Que llame a los ancianos de la iglesia, para que vengan y oren por él y lo unjan con aceite en el nombre del Señor. Una oración ofrecida con fe, sanará al enfermo, y el Señor hará que se recupere; y si ha cometido pecados, será perdonado.[6]

Pues toda la creación espera con anhelo el día futuro en que Dios revelará quiénes son verdaderamente sus hijos.[7]

¿Qué tan seguido hemos leído tales palabras de esperanza y nos hemos preguntado cómo aplican hoy, porque casi en todas partes donde miramos hay alguien enfermo de algo? Bueno, hay buenas noticias, porque:

Jesucristo es el mismo ayer, hoy y siempre.[8]

Sin embargo, algunos pueden preguntar: "¿Dónde hay evidencia de que el poder milagroso de Dios es para hoy?" Este volumen de la serie *Explorando los Lugares Celestiales* responde a esa pregunta con instancias documentadas donde Dios se movió a través de Su pueblo, Sus hijos e hijas revelados, para ministrar a otros. Usted leerá cómo:

- La sanidad irrumpió durante el culto de adoración del domingo por la mañana, mientras Dios se movía a través de los miembros de la congregación, y no sólo con el pastor
- Una mujer diagnosticada con el 95% de bloqueo en sus arterias recibió del médico, un certificado de salud limpio, después de recibir oración por parte de su cartera
- Un entrenador de béisbol de una escuela secundaria murió de un ataque al corazón en un juego y fue resucitó de la muerte
- Un joven con una enfermedad de transmisión sexual fue sanado después de pedir oración
- Todo un equipo de béisbol de una escuela secundaria recibió a Cristo.
- Personas que sufrían artritis fueron poderosamente liberadas
- Una niña de 10 años con bipolaridad fue liberada
- Los sordos ahora pueden oír
- Un cáncer de pulmón etapa 4 fue sanado milagrosamente
- Una mujer se recuperó milagrosamente después de un aneurisma cerebral masivo, aunque el médico no le dio ninguna posibilidad de sobrevivir

Sí, Dios todavía está en el asunto de liberar a la gente física, emocional y espiritualmente. No hay aspecto de nuestro ser: cuerpo, alma o espíritu donde Su toque sanador no pueda penetrar.

Milagros en la Montaña del Señor es una recopilación de historias de la vida real sobre personas comunes que han orado por otros, y luego fueron testigos de su recuperación. Si usted está tratando con una enfermedad mortal o debilitante, este libro le dará la esperanza de que Dios también puede sanarlo. Si usted es un creyente y sabe que hay más que solo asistir a la iglesia[9] los domingos, este libro es también para usted. Si usted siente el llamado a sanar a los enfermos y a liberar a los cautivos, este libro no solo le animará a cruzar repetidamente esa línea del miedo como lo pide el Espíritu Santo, sino que también le dará una visión de algunas de las cosas nuevas que Dios ha estado revelando y entregando a Su Cuerpo para facultar y capacitar a personas como usted, para lograr un mayor impacto en el reino.

Un cambio radical está en el aire. Un nuevo movimiento de Dios está tocando a nuestra puerta. Sujeten sus cinturones de seguridad porque Dios está a punto de llevar a la Iglesia en un viaje sobrenatural. Este viaje no tiene un destino desconocido, sino que es un viaje de regreso a nuestro diseño original.[10]

[1] Lucas 4:18-19 NTV

[2] Hechos 10:38 NTV

[3] Juan 14:12 NTV

[4] Marcos 16:17-18 NTV

[5] Hechos 8:4-8 NTV

[6] Santiago 5:13-15 NTV

[7] Romanos 8:19 NTV

[8] Hebreos 13:8 NTV

[9] Particularmente, "Iglesia" se refiere al cuerpo de Cristo, e "iglesia" se refiere a la iglesia organizada, excepto en ciertas citas directas de las escrituras.

[10] Romanos 8:19 NTV

1

CAPÍTULO UNO

El Señor del Irrumpimiento

Entonces, David fue a Baal-perazim y allí derrotó a los filisteos. "¡El Señor lo hizo! — exclamó David—. ¡Él irrumpió en medio de mis enemigos como una violenta inundación!" Así que llamó a ese lugar Baal-perazim (que significa "el Señor que irrumpe").[1]

Cuando los filisteos oyeron que David se había vuelto rey de Israel,[2] se reunieron en el valle de Rephaim,[3] para probar su liderazgo. Preocupado, David consultó al Señor para que determinara qué debía hacer. Siguiendo las instrucciones de Dios, los filisteos fueron derrotados.

El desafío de David era enfrentar a un gigante, pero el Señor irrumpió a su favor. Muchos de nosotros, ya sea que seamos jóvenes o viejos, también nos enfrentamos a desafíos gigantescos durante nuestra vida; luchas con la carrera, la familia, las finanzas, las relaciones rotas por nombrar algunos, pero uno de los mayores retos es cuando nuestra salud o la de alguien muy cercano a nosotros se ve amenazada. Ya sea que usted esté luchando con el cáncer, enfermedades del corazón o una enfermedad potencialmente mortal, recuerde esto; Dios es el Señor del Irrumpimiento.

Miqueas, el profeta, declaró:

> *Su líder irrumpirá, se pondrá al frente y los sacará del destierro, a través de las puertas de las ciudades enemigas, y los llevará de regreso a su propia tierra. Su rey los conducirá; el Señor mismo los guiará.*[4]

Miqueas habló estas palabras a los judíos de Babilonia, haciéndoles saber que su encarcelamiento de 70 años estaba a punto de terminar. Ellos avanzarían, el Señor guiaría el camino, y ellos regresarían a Jerusalén por la puerta de la ciudad por la cual habían partido.

La historia ha demostrado que a ciertos individuos se les ha dado la habilidad de romper obstáculos insuperables. A menudo no son reconocidos por su contribución a la sociedad hasta mucho más tarde, todas estas personas comparten una cosa; fueron pioneros. Jackie Robinson fue una de esas personas. En 1947, rompió la barrera de la raza para los jugadores de béisbol afroamericanos. Aunque muy difamado, superó el odio racial y el prejuicio generalizado para abrir la puerta a miles de jugadores de color en la Liga Mayor de Baseball.[5]

Un pionero puede ser definido como una persona que está entre los primeros que entran o se asientan una región, abriéndola así para la ocupación y el desarrollo por otros, o como aquel que es el primero o está entre los primeros en cualquier campo de investigación, empresa o progreso.[6]

Jesús fue el mayor pionero. Rompió la barrera de la religión muerta, haciendo posible que miles experimentaran las realidades de Dios que cambian una vida.

> *Y recorrió Jesús toda Galilea, enseñando en las sinagogas de ellos, y predicando el evangelio del reino, y sanando toda enfermedad y toda dolencia en el pueblo. Y se difundió su fama por toda Siria; y le trajeron todos los que tenían dolencias, los afligidos por diversas enfermedades y tormentos, los endemoniados, lunáticos y paralíticos; y los sanó. Y le siguió mucha gente de Galilea, de Decápolis, de Jerusalén, de Judea y del otro lado del Jordán.*[7]

Jesús hizo posible que la gente experimentara lo que se consideraba imposible. Al igual que un post de Twitter, la noticia de que los enfermos estaban siendo sanados se volvió viral. Pronto, miles persiguieron a Jesús a través del campo israelí, con la esperanza de experimentar el poder de Su toque. El Rey y Su reino habían llegado.

¿Dónde está el Rey hoy, y dónde está Su reino? En todo el mundo hay una expectativa creciente de que Dios está a punto de moverse de una manera sin precedentes. El pensamiento de esto es ambos, emocionante y serio. Es emocionante porque la gracia abunda cuando el pecado abunda, y nuestro mundo está en decadencia moral, lo que significa que un nuevo movimiento de Dios es inminente. Por otra parte, es serio porque los nuevos movimientos de Dios requieren nuevos cambios de paradigma de nuestra parte o sino nosotros, así como los fariseos,[8] no podremos reconocer el día de la visitación de Dios. O peor aún, como los sacerdotes principales, intentaremos extinguir por completo el movimiento de Dios.[9]

Cuando las olas de avivamiento empiecen a moverse sobre nuestras costas, tendremos que presionar con audacia y valientemente hacia lo nuevo que Dios está haciendo sin comprenderlo completamente. Debido a que la mayoría de la Iglesia probablemente seguirá funcionando de acuerdo con las estructuras de los viejos odres,[10] tendremos que ponernos la piel de cocodrilo, con el fin de lidiar con el fuego amistoso que entrará en erupción mientras tomamos el reino de los cielos con poder.[11]

[1] 2 Samuel 5:20 RVR1960

[2] 2 Samuel 5:17-21

[3] 'Rephaim' significa 'gigantes'

[4] Miqueas 2:13 NTV

[5] https://es.wikipedia.org/wiki/Jackie_Robinson

[6] http://es.thefreedictionary.com/pionero

[7] Mateo 4:23-25 RVR1960

[8] Lucas 19:44

[9] Mateo 26:3-4

[10] Marcos 2:22

[11] Mateo 11:12

2

CAPÍTULO DOS

El Camino a la Sanidad

Pero olvida todo eso - no es nada comparado con lo que voy a hacer. Pues estoy a punto de hacer algo nuevo. ¡Mira, ya he comenzado! ¿No lo ves? Haré un camino a través del desierto; crearé ríos en la tierra árida y baldía.[1]

Era mayo del 2016, un viernes por la tarde, cuando sentí algo nuevo en mi nuca. No estaba familiarizado con esta nueva sensación en mi cuerpo, llamé a mi querido amigo Paul Cox, y le pregunté lo que estaba discerniendo. "Ese es el camino", respondió Paul. "¿Qué es el camino?" le pregunté. "Te enviaré la revelación que he recopilado acerca de ello", respondió. Le di las gracias y me despedí.

Cuando llegó el archivo adjunto de Paul, lo abrí y comencé a leer decenas de palabras proféticas sobre el camino, que habían sido dadas por diferentes individuos, que se remontan hasta el 2007. Jana Green[2] compartió una de las primeras palabras el 16 de enero del 2008:

> Prueben y Vean. Prueben y Vean. Iluminen sus sentidos. Practiquen, practiquen, practiquen; es un nuevo día, una nueva vida; es un camino de Gloria. Es una gran esperanza de Gloria. Esto es conocerlo a Él. Vengan, subamos al monte del Señor que no debe ser tocado con manos humanas. Vengan al Monte Sion. Digo a Sion: "Estos son los que se enseñan en la montaña." Es un camino más alto, más santo, un camino santo, porque ustedes son llamados a Sion, a la Nueva Jerusalén. Los ángeles se están reuniendo allí. Hay una Nueva Jerusalén. Llámenme, y yo les responderé. Hay cosas poderosas para mostrarles que no saben. Esto no es tradicional, pero ustedes deben subir más alto. Quiero

desencadenar nuevas estrategias, para saquear al enemigo. Desenterrar el barbecho. El tesoro enterrado, la fruta enterrada.

El 5 de marzo, siete semanas después, Jana recibió otra palabra del Señor:

> Inicia otro viaje y todo tendrá sentido. Es un sendero que se está despejando y está abriendo camino. Quiero expandir Mi gloria. Un camino antiguo. Es un camino de sanidad. Es un camino que brilla más que la luz del día. Tienen que bajar para subir. Más profundo todavía. No han comprendido lo que les estoy dando. Es un sendero más brillante, para que el cojo no sea separado, sino que sea sanado. Hay más llaves y puertas por ser abiertas. Se trata de un avance. Vengan y vean; se trata de ver. Ver es creer; escuchar es saber; si pueden tenerlo, pueden darlo. Vengan y vean. Es una manera de ver. Avance. Nuevas estrategias, nuevas armas, nuevas herramientas en el lugar secreto, en el escondite, tengo misterios que revelar. Suban; suban; han bajado, ahora suban. Es parte del camino. Es una manera más alta; es una carretera, una carretera santa.
>
> (Veo puertas. Hay puertas, diferentes lugares y portales.)
>
> Distribución. Quiero distribuir. Preparar el camino. Construir sobre esto. El cimiento esta puesto; capa sobre capa de revelación están puestas. ¿Qué es lo que quieren ver? Pídanme.

A medida que leía estas palabras proféticas me pregunté: "¿Qué está tratando de decir Dios y por qué me está revelando esto ahora?" Aunque yo no sabía la respuesta a ninguna de las dos preguntas, sospechaba que Dios estaba haciendo algo, porque el evangelista de señales y maravillas Bob Koo, estaba programado para hablar en nuestra iglesia el domingo por la mañana, dos días después.

El sábado por la mañana, me desperté y me di cuenta de que acababa de tener un sueño. Bob Koo y yo estábamos frente a frente mientras la gente de Mountain View Community Church caminaba por un sendero entre nosotros. Sin poder poner todavía las dos cosas juntas, grabé el sueño y seguí con mi día. A la mañana siguiente, me reuní con Bob y Tricia Koo y nuestro equipo de intercesión para orar, para que Dios se moviera poderosamente durante nuestro servicio de las 10 am. Veinte minutos después, una intercesora, Karen Lewis, compartió con el equipo una visión que acababa de tener:

> Vi filas de ángeles que hacían un largo camino hacia el trono de Dios, cada uno sosteniendo espadas que cruzaban para hacer una arcada (portal). Las puntas de las espadas estaban encendidas con llamas y el pueblo de Dios se abría camino por la arcada hacia el trono. Emanando desde el trono y corriendo por el pasillo o el camino, había una unción multifacética de misericordia, gracia, autoridad, sanidad y vino nuevo.

¡Yo estaba sorprendido! Dios no sólo había confirmado las palabras proféticas de Jana Green del 2008, sino que también utilizó el discernimiento que había tenido dos días antes para traer Su luz sobre el sueño del sábado. La voluntad del Señor era tan clara de que debíamos caminar por un sendero de sanidad en el Espíritu, y luego caminar hacia el trono de Dios a través del portal en los reinos celestiales que conduciría a algún tipo de irrumpimiento. Pero, ¿cuál era ese irrumpimiento?
Minutos más tarde Karen Lewis comenzó a profetizar:

> Yo soy el camino. Los estoy llevando a una nueva dimensión. Tengo nuevos destinos planeados para cada uno de ustedes.

¿Qué estaba haciendo Dios? Estábamos a punto de averiguarlo.

El clima espiritual de esa mañana era eléctrico mientras celebramos la presencia de Dios con una gran expectativa de que algo grande estaba a punto de suceder. El mensaje de Bob Koo inspiró a muchos cuando él compartió que, si Dios puede moverse milagrosamente a través de un pequeño niño de la jungla de Malasia como él, Él podría hacer lo mismo a través de cada uno de nosotros.

Después de que Bob concluyó su mensaje, me levanté y compartí lo que el Señor había revelado acerca del camino e invité a todos a caminar a través de él como un acto profético. Sin vacilar, la iglesia entera se alineó y lentamente comenzó a caminar delante del escenario uno por uno. A medida que la gente se abría camino a través de este camino celestial, era obvio que el Señor estaba impartiendo algo nuevo y poderoso.

Después de que todos regresaran a sus asientos, los animé a orar unos por otros. Lo que siguió fue asombroso. Las personas en grupos de dos a cinco personas se abrazaron, en todo el lugar y comenzaron a interceder. A medida que esto se desarrollaba, un miembro de nuestra iglesia, Kevin Wada, trajo al padre, madre y a su hija de nueve años. Más tarde me enteré que Kevin los había invitado a nuestro servicio para que la niña pudiera recibir oración por una forma rara de leucemia que había contraído dos años atrás. Este tipo de leucemia era tan raro que los médicos de la niña no estaban seguros de cómo tratarla y recientemente les habían informado a sus padres de que la próxima ronda de quimioterapia podría tomar su vida. Durante dos años esta niña de nueve años fue pinchada, picada y cortada y ya no quería vivir. La esperanza había disminuido, y ahora el escenario estaba preparado para que el Señor se moviera.

Kevin, Tricia Koo, y otro miembro de la iglesia llamada Diana Stewart impusieron las manos sobre la niña y le pidieron al Señor que la sanara. Diana compartió más tarde que mientras oraban olían un olor fétido (¿el espíritu de cáncer?) dejando a la niña, y la madre lo olió también.

Al día siguiente la niña estaba programada para una prueba de sangre de rutina. Cuando leyeron los resultados de su sangre, lo volvieron a leer ANC 1606, WBC 2.2, HGB 10.7 y plaquetas 171, lo que significa que ella estaba lo suficientemente sana como para dejar el hospital. Esa noche sus padres publicaron en Facebook el hashtag, *#milagrosenelaire*, y gozosamente anunciaron que su hija ya no tenía leucemia. Apenas podía contener mi emoción, y publiqué en Facebook una imagen de Kevin, Tricia y Diana orando por la chica junto con un breve subtítulo sobre lo que pasó. En 72 horas, la noticia de este asombroso milagro se volvió viral, 3.355 personas vieron el post. Así de emocionante también fue la noticia de que la familia que Kevin había invitado a la iglesia, eran mormones.[3]

Volviendo al resto de la historia, al mismo tiempo que la niña estaba recibiendo oración, también se oraba por otros en la congregación por una variedad de condiciones físicas. Días después, los testimonios comenzaron a rodar:

> Lisa informó que después de que su hijo oró por ella, sus migrañas se fueron (y no que han vuelto desde entonces).
>
> Joni publicó en Facebook que después de que otros tres oraran por ella, ella estaba libre del asma.
>
> Donna confirmó que su cuello había sido sanado.
>
> Nuestro pastor asociado, Jason Lehfeldt, informó que su rodilla fue sanada después de recibir la oración de un joven llamado Ryley. A su vez, él había orado por la rodilla lesionada de Ryley y también se había sanado.
>
> Otra mujer llamada Lisa confirmó que había sido sanada de un dolor ciático severo que iba por toda su pierna y también de una tos irritante que llevaba tres semanas.
>
> Richard informó que se sanó instantáneamente de una dolorosa condición de las manos y del dolor en sus piernas.
>
> Una joven madre de tres hijos, Bobbie, que era sorda de un oído, compartió por teléfono que estaba parcialmente sanada y comenzó a escuchar sonidos amortiguados del oído afectado.

Varios días más tarde comencé a preguntarme si este brote de sanidad era sólo una ocurrencia de una sola vez o algo nuevo que el Señor estaba dando a luz. Poco después, recibí un mensaje alentador de Paul Cox, quien me reenvió un versículo que su hijo, Brian, le había enviado:

> *Confía en el Señor con todo tu corazón; no dependas de tu propio entendimiento. Busca su voluntad en todo lo que hagas, y él te mostrará cuál camino tomar. No te dejes impresionar por tu propia sabiduría. En*

> *cambio, teme al Señor y aléjate del mal. Entonces dará salud a tu cuerpo y fortaleza a tus huesos.*[4]

Al leer esto, me animó saber que había al menos un versículo en la Escritura que confirmó que hay un camino que se entrelaza con la sanidad física. Curioso al respecto, busqué en la Biblia para ver si había otros versos relevantes a caminos y la sanidad física, y confirmé aún más que estábamos en el camino correcto (juego de palabras):

> *Por lo tanto, renueven las fuerzas de sus manos cansadas y fortalezcan sus rodillas debilitadas. Tracen un camino recto para sus pies, a fin de que los débiles y los cojos no caigan, sino que se fortalezcan.*[5]

Ahora, me sentía aún mejor, pero pregunté: "¿Está el camino limitado sólo a la sanidad física del cuerpo?" Para mi agradable sorpresa, me encontré con dos versos que respondieron a mi pregunta:

> *Él renueva mis fuerzas. Me guía por sendas correctas, y así da honra a su nombre.*[6]

> *Esto dice el Señor: "Deténganse en el cruce y miren a su alrededor; pregunten por el camino antiguo, el camino justo, y anden en él. Vayan por esa senda y encontrarán descanso para el alma".*[7]

Después de leer estos versos sobre el camino y su referencia sobre ambas, la sanidad física del cuerpo y la sanidad interior del alma, estaba 98% convencido de que el Señor estaba haciendo algo nuevo. Un dos por ciento dentro de mí, todavía se preguntaba, sin embargo, si el brote de sanidad que habíamos experimentado el domingo anterior continuaría hasta el fin de semana siguiente. Hay un viejo refrán, "La prueba está en el budín." Yo necesitaba más pruebas.

Una semana después, un hombre de California visitó nuestra iglesia. Después del servicio, compartió que dos mujeres habían orado por su rodilla y muñeca, y que había experimentado la sanidad. También les pidió oración a las dos damas por una hernia de disco en la espalda baja, pero que aún no había sido sanado. Pude ver que él realmente quería estar bien, así que le pregunté si podía orar por él y él estuvo de acuerdo. Cuando puse mi mano sobre el área lesionada escuché al

Espíritu Santo susurrar: "Habla con el disco y dile que cambie". Por obediencia, silenciosamente susurré: "¡Cambia!" En cuestión de segundos, el Espíritu Santo comenzó a hacer algo, y sentí al hombre temblar en la presencia del Señor; y en cuestión de minutos empezó a quebrantarse cuando sintió que el Señor cambiaba su disco. Luego, en un momento inspirado por Dios, se volvió hacia su esposa y su hija y las abrazó con fuerza mientras las lágrimas corrían por su rostro. Realmente fue un privilegio para mí ser testigo de la realización del Señor de este milagro en nombre de Su precioso hijo y su familia. Cuatro días más tarde, su cuñada confirmó que el Señor había sanado la espalda de su cuñado, y su hermano mayor informó que la hija del hombre estaba tan afectada por la sanidad de su padre que varios días después ella llevó a su abuelita de ochenta años a aceptar a Jesús.

En retrospectiva, no sólo el Señor cambió el disco de este hombre en la alineación adecuada, sino que también confirmó que había desplazado a la gente de Mountain View en una nueva dimensión de Su poder sanador. La Biblia dice que Dios nos está transformando continuamente de gloria en gloria en la imagen de Su Hijo.[8] Creo que esta transformación incluye no sólo el carácter de Cristo y Su misión, sino también Su ministerio de sanar a los enfermos y liberar a los cautivos.

Mientras reflexiono sobre esto, me doy cuenta de que en el camino natural hay un sendero, una ruta que ha sido pavimentada o tallada por otros que nos han precedido.[9] Una vez que caminamos o manejamos por este camino, presumiblemente nos lleva a un destino específico. En la Biblia, un camino o sendero simboliza nuestro viaje al Padre,[10] es por esto que nos referimos a nuestra relación con Jesús, como nuestro caminar.[11] Sin embargo, Dios no controla ni manipula nuestro caminar con Él, sino que extiende una invitación continua a bendecirnos si le seguimos fielmente a lo largo de Sus caminos en los reinos naturales y celestiales. Podemos, por supuesto, elegir permanecer o salir del camino; pero debemos saber que la primera decisión resulta en sanidad física, renovación espiritual y protección divina.[12]

Basándome en lo que ocurrió el 15 de mayo del 2016 y considerando los cuatro versículos bíblicos citados anteriormente, [13] creo que Dios en la eternidad pasada creó un camino celestial que imparte dones de sanidad al cuerpo de Cristo, permitiéndonos impactar sobrenaturalmente la vida de las personas. Por años me he preguntado si las palabras de Jesús llegarían a concretarse, de que todo el pueblo de Dios, no sólo los cinco ministerios oficiales, [14] impondrían las manos sobre los enfermos y los verían recuperarse:

> *Estas señales milagrosas acompañarán a los que creen: expulsarán demonios en mi nombre y hablarán nuevos idiomas. Podrán tomar serpientes en las manos sin que nada les pase y, si beben algo venenoso, no les hará daño. Pondrán sus manos sobre los enfermos, y ellos sanarán. Cuando el Señor Jesús terminó de hablar con ellos, fue levantado al cielo y se sentó en el lugar de honor, a la derecha de Dios. Y los discípulos fueron por todas partes y predicaron, y el Señor actuaba por medio de ellos confirmando con muchas señales milagrosas lo que decían.* [15]

Ahora, ¡esto ha sucedido!

[1] Isaías 43:18-19 NTV

[2] Jana Green es una artista, y ministro de oración e intercesora profética. Su sitio web es http://www.signsandwondersstudio.com

[3] Kevin tiene la intención de invitar a esta familia a la iglesia en un futuro cercano para darles la oportunidad de agradecer públicamente a Jesús por realizar este increíble milagro para su hija. También ha estado ayudándoles a recaudar dinero para ayudar a pagar los gastos médicos relacionados con la batalla de dos años de su hija con el cáncer.

[4] Proverbios 3:5-8 NTV

[5] Hebreos 12:12-13 NTV

[6] Salmos 23:3 NTV

[7] Jeremías 6:16 NTV

[8] 1 Corintios 3:18 NTV

[9] http://bibliaparalela.com/hebrew/1870.htm

[10] Juan 14:6 NTV

[11] Gálatas 5:16 NTV

[12] Isaías 35:5-10 NTV

[13] Proverbios 3:5-8, Hebreos 12:12-13, Salmos 23:3, Jeremías 6:16

[14] Efesios 4:11-13

[15] Marcos 16:17-20

3

CAPÍTULO TRES

¡Quiero a Mi Iglesia de Regreso!

Pero olvida todo eso, no es nada comparado con lo que voy a hacer. Pues estoy a punto de hacer algo nuevo. ¡Mira, ya he comenzado! ¿No lo ves? Haré un camino a través del desierto; crearé ríos en la tierra árida y baldía. [1]

El 9 de mayo del 2016, la Lista de Elías publicó, *En los próximos cinco meses, estaremos bajo la presión del viento revolucionario de la Reforma*, por Johnny Enlow, autor del libro: La profecía de las Siete Montañas, quien escribió:

> Por la falta de lenguaje, estamos gritando y percibiendo un avivamiento, pero lo que se necesita y lo que se viene es la reforma revolucionaria. El 85% de los cristianos americanos no asisten regularmente a la iglesia. Más del 95% de los feligreses no diezman porque no están convencidos de que es bíblico. El 75% de los pastores de estas iglesias regularmente piensan en abandonar y luchan contra la depresión. Quince mil pastores renuncian o son despedidos cada año, por lo general por un asunto de índole moral.
>
> Sin juzgar ninguno de los lados, todo esto establece que la iglesia y los cristianos necesitan más que un avivamiento. Podemos llamarlo avivamiento, pero lo que necesitamos es

revisar la reforma. No estamos cerca de lo que la iglesia necesita, así que reavivar lo que tenemos no es suficiente.

Además, quizás solo el 1% de las iglesias intentan su mandato bíblico de "equipar a los santos para el trabajo del ministerio" (Efesios 4:11-13). Y luego quizás solo el 1% de ese 1% realmente equipan a los santos para nada más que el ministerio de la iglesia. Los santos deben ser equipados para las 9 de las 5 de sus comisiones, y eso solo pasa cuando uno abraza alguna de las versiones de los 7 mandatos de la montaña.

Si usted está asombrado con mi evaluación de la iglesia y la vida de la iglesia, en realidad es mucho peor de lo que he dicho hasta ahora. Creo que el 95% de las iglesias ni siquiera tienen una red para el reino de Dios y de cómo está llegando. Además, es aún más la excepción que la regla que al Espíritu Santo se le da alguna prioridad en los ámbitos de la iglesia. La Iglesia está tal vez 100 años atrasada, incluso a la luz de la sociedad, en cuanto a emancipar y capacitar adecuadamente a las mujeres. Los domingos por la mañana sigue siendo la hora más racista y sexista en los Estados Unidos. Encuentre la lista de las 100 mejores iglesias de América, y encontrará, casi sin excepción, algo muy ritualizado, dominado y dirigido por hombres.

Entonces, ¿cómo vamos a ir de un modelo de línea de ensamble, privado del Espíritu Santo, sin equipamiento, una iglesia que construye un reino personal, que está desgastando a los pastores y a los miembros; hacia una iglesia viva, amorosa, relacional, llena del Espíritu Santo y comprometida con la sociedad? Sólo una gran ayuda de arriba nos va a llevar a ese lugar, y eso es lo que está viniendo. Esa ayuda se va parecer a una excavadora. El Espíritu Santo descenderá sobre nosotros y encenderá lo nuevo, pero también entrará y despejará espacios para lo nuevo. La mayoría de nosotros ni siquiera estamos en un buen lugar como para explicar cómo sucederá todo esto.

Culpar a los pastores no es la respuesta, aunque es lo más fácil de hacer. Yo mismo fui pastor principal durante 14 años, y puedo decirles que al menos el 20% de los miembros son miembros tóxicos que van de iglesia en iglesia dejando los escombros de sus propias heridas. Vamos a comenzar a experimentar el cambio extremo de la iglesia de Jesucristo, y TODOS tenemos que arrepentirnos y hacer ajustes. Necesitamos nuevos modelos de cómo llevar la iglesia, pero luego, sobre todo, necesitamos un mayor abrazo de amor y el perdón. Este es un trabajo específico para el Espíritu Santo, y Él estará preparado para la tarea. Él va a derramar Su amor líquido ardiente sobre todos nosotros, y serán asombrosos los niveles de unidad, amor y humildad que abrazaremos, que nos permitirán comenzar a experimentar los cambios profundos que están llegando. ¡Pronto estaremos haciendo más bien que mal![2]

La declaración anterior de Johnny Enlow es difícil de asimilar, pero si somos honestos debemos estar de acuerdo, al menos parcialmente, en que su valoración de la Iglesia actual es verdadera. Sin la intervención de Dios, seguiremos frustrados e infructuosos. El cambio está en camino.

En 1997, un sueño inquietante me encontró parado en un muro de 200 pies de altura, a poca distancia de Ala Moana Beach en la costa sur de Oahu. Mirando hacia el horizonte, vi a mi esposa y a mis hijos a mi derecha, pero estaba horrorizado al ver una enorme ola de 900 pies que venía hacia nosotros a una velocidad increíble. A medida que esta monstruosa ola se apresuraba en dirección hacia nosotros, una mano grande me sacó y me colocó en algún lugar de la costa, donde vi con impotencia como la ola cubría todo el muro. La escena se hizo más lenta y vi cientos de creyentes de pie en la parte superior del muro hasta donde mis ojos podían alcanzar a ver, pero tan pronto como la ola pasó por encima del muro, barrió con todos los creyentes llevándolos a la muerte. Luego, para mi consternación, mi esposa, Barbara, fue barrida hasta su muerte también. En la escena final me desperté llorando, "¡Mi novia está muerta! ¡Mi novia está muerta!"

Una y otra vez, he reflexionado sobre esto y le pregunté, "Dios, ¿de qué se trata este sueño?" A lo largo de los años, algunos han compartido su creencia de que una verdadera ola gigantesca golpeará a Hawái en el futuro, pero no creo que esto es lo Dios estaba diciendo. Aquí está mi opinión:

> El número 2 simboliza la palabra testigo o testimonio. Cuando se multiplicó por 100 (el muro de 200 pies), Dios estaba diciendo, "Esto es realmente importante, escucha atentamente, estoy testificando lo que va a ocurrir."
> El muro representaba o simbolizaba una torre de vigilancia,[3] mientras que yo parado al lado del muro era símbolo de un vigilante que es apartado.[4]
>
> El número 9 representa el fruto del Espíritu,[5] los dones del Espíritu,[6] la hora de la oración[7] o finalidad (Jesús murió a las 3 de la tarde o a la hora 9a).[8]
>
> Con 9 multiplicado por 100, y dado el contexto del sueño, parece que el número 9 simboliza el llamado urgente de Dios para la intercesión de toda la iglesia por los cambios transformadores que Dios estaría orquestando en las islas hawaianas en los próximos años. Los creyentes y mi esposa (representando a la Novia de Cristo) que cayeron muertos simbolizaban la Iglesia en Hawái y sus estructuras actuales u odres que serían llevados a la muerte, para que pudieran

entrar en sintonía con el reino de Dios y Sus planes para Hawái.

Varios meses después de tener este sueño dramático, asistí a una reunión de intercesión que duró toda la noche, de cinco mil personas, en el Arena Kemper en Kansas City, The Watch of the Lord®. A las tres de la mañana, Mahesh Chavda, el líder de la reunión, dijo que Dios estaba llamando a ciertos individuos en el estadio, para pararse en el muro y velar por el Señor. Segundos después, el Espíritu del Señor vino sobre mí y empecé a temblar violentamente. Reconociendo lo que el Señor estaba declarando, mi amigo, Dean Fujishima, me señaló y dijo: "¡Rob! Recuerda tu sueño. Estabas de pie en el muro. ¡Dios te está llamando a ser vigilante del muro!"

En 1997, lancé un capítulo de Watch of the Lord® en Hawái. Por cinco años, intercesores de más de veinte iglesias se reunían mensualmente para orar porque el Señor uniera a la Iglesia en Hawái y diera a luz el avivamiento.

Hacia fines de 1996, varios meses antes del sueño, un gran grupo de pastores se reunieron en First Assembly of God Red Hill en una tormentosa noche de viernes. Un pastor que acababa de conocer se me acercó y me dijo: "Rob, Dios quiere que tomes un paso de fe esta noche." Como bautista del sur, respondí: "¿Qué significa eso?" "Sólo confía en Él y camina por fe", respondió y luego puso sus manos sobre mí. Caí al suelo como un papel arrugado, mientras el poder de Dios corría por todo mi cuerpo. Después de unos momentos mi estómago comenzó a temblar hacia arriba y hacia abajo como si estuvieran bombeado aire dentro de mi cuerpo. Mientras esto sucedía, otro pastor se inclinó a mi lado y susurró: "Rob, el Señor quiere que profetices." Le pregunté: "¿Qué es eso?" "Habla lo que el Señor le está diciendo a tu espíritu." "Grandioso" pensé, ¿qué significa eso?" Segundos después, la presencia del Señor se intensificó dentro de mí y comencé a declarar desde la punta de mis pulmones que el viento del Espíritu de Dios, un gran despertar, soplaría a través de las islas de Hawái, barriendo decenas de miles en el reino de Dios. Cuando decreté el corazón de Dios para Hawái, estaba lleno de emociones que no puedo describir. Minutos más tarde, el Espíritu Santo brotó de nuevo en mi interior como agua a punto de salir de una represa y comencé a llorar profusamente, gritando: "¡Quiero a mi Iglesia de regreso! ¡Quiero a mi Iglesia de regreso!"

Envuelto por la ardiente presencia de Dios durante la siguiente media hora, fui cambiado para siempre, al experimentar la revelación de que el Padre es Poder.[9, 10] También supe durante este encuentro sobrenatural que Dios iba a llevar a cabo, sin lugar a dudas, lo que Él había acabado de declarar. Todavía, como bautista del sur me pregunté si mi experiencia podría ser verificada en algún lugar de la Biblia. Después de una larga búsqueda, dos versos trajeron paz a mi corazón:

> *Pero camino a Naiot de Ramá, el Espíritu de Dios vino incluso sobre Saúl, ¡y él también comenzó a profetizar por todo el camino hasta Naiot! Se quitó la ropa a tirones y quedó desnudo acostado sobre el suelo todo el día y toda la noche, profetizando en presencia de Samuel. La gente que lo vio exclamó: "¿Qué? ¿Hasta Saúl es profeta?"* [11]

[1] Isaías 43:18-19 NTV

[2] http://www.elijahlist.com/words/display_word.html?ID=16046

[3] Isaías 21:6-8 NTV

[4] Ezequiel 33:1-9 NTV

[5] Gálatas 5:22 NTV

[6] 1 Corintios 12:4-11 NTV

[7] Hechos 3:1, 10:30 NTV

[8] Marcos 15:25 NTV

[9] Mateo 26:64 NTV

[10] El Poder de Dios, está cubierto ampliamente en los volúmenes 4 y 5 de la serie Explorando los Lugares Celestiales.

[11] 1 Samuel 19:23-24

4

CAPÍTULO CUATRO
Avivamiento, Revolución, Reforma

Durante la última década Barbara y yo hemos ido semanalmente a ver un quiropráctico, para que nuestras columnas sean ajustadas. Los quiroprácticos hacen más que solo 'hacer sonar su espalda'; alinean sus vértebras para que su cuerpo entero pueda experimentar un flujo nervioso sin obstáculos. Cada vez que nuestro quiropráctico termina de ajustarnos, dice: "¡El poder está encendido!" Aunque inicialmente pensé que este mantra de ajuste era extraño, entendí que él simplemente estaba diciendo: "Ahora que sus vértebras están correctamente alineadas su sistema nervioso central puede funcionar a su máxima capacidad." Creo que nosotros, la Iglesia del Nuevo Testamento, todavía tenemos que funcionar en nuestra máxima capacidad, porque no hemos sido conscientes del poder que está disponible para ayudar a los demás y no nos hemos alineado correctamente con el Espíritu Santo.

En el otoño de 1996, asistí a la convención anual Bautista de Hawái en un hotel de playa en Maui. Durante la reunión inaugural la electricidad se cortó inexplicablemente. Mientras nos sentamos en la oscuridad esperando que el personal del hotel restaurara la electricidad del edificio, el Señor me susurró: "¡Mi Iglesia no tiene poder!"

Cuando quedó claro que la electricidad no sería restaurada esa noche, la sesión fue cancelada y volvimos a nuestras habitaciones a dormir. Todavía incapaces de restaurarla al día siguiente, la conferencia fue cancelada y regresé a Oahu.

La Iglesia primitiva operaba en un nivel de poder espiritual que transformó su mundo. Trágicamente, muchas personas creen hoy, que cuando murieron los apóstoles del primer siglo, el poder que subyugaba su ministerio cesó con ellos. Si el poder del Espíritu Santo dejó a la Iglesia, entonces ¿por qué en Hebreos 13:8 dice que Jesús es el mismo hoy, ayer y por siempre? Y aún más importante, si el poder de Dios no está disponible para que nosotros ayudemos a los que sufren de una amplia gama de problemas espirituales, emocionales y físicos, entonces ¿cuál es nuestro plan para ayudarlos?

Si vamos a ver a la Iglesia actual regresar al mismo nivel de fructificación que la Iglesia primitiva experimentó, no tenemos más opción que invitar al Espíritu Santo de nuevo en medio nuestro. Para llevar a cabo este cambio, el Señor ha estado constantemente restaurando los ministerios de apóstol y profeta en la Iglesia durante las últimas tres décadas para entrenar y equipar a Su pueblo para que se mueva en el poder del reino.[1]

En 1998, tuve un sueño sorprendente en el que estaba tumbado boca abajo en una zanja en la montaña. En la distancia oí el sonido de pasos como de trueno que se acercaban. Mirando hacia arriba, vi a tres gigantescos tiranosaurios marchando hacia mí. Cuando estos lagartos gigantes pasaron delante de mí, sentí que el suelo temblaba y escuché al Señor declarar: "¡Estoy restaurando los apóstoles en Mi Iglesia!"

Los apóstoles del primer siglo perpetuaron el reino de Dios a través de poderosas señales y maravillas.[2] Ellos sanaron a los enfermos, liberaron a los cautivos y proclamaron el Evangelio del reino adondequiera que iban.[3] Fueron pioneros en plantar iglesias, estableciendo la cultura del reino dondequiera que proclamaron el Evangelio.

En 1992, mi esposa y yo plantamos Mountain View Community Church. Fuimos entrenados y equipados para iniciar una iglesia sensible y orientada al propósito, y esto es lo que nos propusimos hacer. Nuestro servicio dominical consistía en veinte minutos de adoración, algunos anuncios, una presentación teatral de cinco minutos y un breve mensaje de cómo hacerlo. Muchos dieron su vida a Cristo, y la iglesia creció. Sin embargo, el desafío continuo que enfrentamos fue que no podíamos ayudar a aquellos que el Señor nos había enviado para ser libres de temas como la ira, la depresión, el miedo y la lujuria. La verdad era que sólo éramos capaces de hacer nuestro servicio semanal, no dejándole lugar a Dios para sanar a los enfermos, romper las ataduras espirituales o alentar proféticamente a los corazones abatidos.

El 'kahal'', o 'asamblea de Dios' en el desierto[4] no era una congregación dirigida por un programa, sino un Cuerpo dirigido por la presencia. Ellos siguieron la nube durante el día y el fuego de la presencia de Dios por la noche.[5] Si la nube permanecía inmóvil, acampaban y descansaban. Si la nube se movía, se movían. Nunca consideraron pedir a la nube que los siguiera; ellos siguieron a la nube.

Durante Su breve ministerio de tres años, Jesús sanó a los enfermos y liberó a los cautivos. Él hará lo mismo hoy si lo invitamos a hacerlo. En un breve sueño temprano por la mañana, el Señor me habló y me dijo: "¡Rob, no discutas, demuéstralo!" Decirle a la gente que van al infierno no los lleva al reino, pero tampoco lo hace los mensajes del 'cómo' pero que no liberan el poder del Espíritu Santo que cambia vidas. No estamos llamados a debatir con la gente en el reino de Dios. Estamos llamados a revelar al Rey y Su reino a través de demostraciones sobrenaturales de Su amor.

En otoño de 1987, me inscribí en el Golden Gate Seminary en Marin, condado de California. Durante el primer semestre me invitaron a unirme a un equipo de personas que querían compartir el evangelio en el campus de UC de Berkley, que tiene una población estudiantil diversa y que no son fáciles de involucrar. Al llegar al campus, nuestro líder del grupo decidió instalarse en una de las entradas del campus. ¡Con un cuerno de toro en la mano se paró en una caja y empezó a gritar, "¡Vuélvanse o quémense! ¡Vuélvanse o quémense!" No me esperaba que él hiciera esto, y sintiéndome extremadamente avergonzado me retiré rápidamente a la línea lateral. No era de sorprender que una multitud enojada se reuniera para desafiar lo que estaba diciendo, gritándole de regreso palabrotas, mientras él continuaba diciéndoles dónde acabarían si no se arrepentían.

Mi corazón no es condenar al hombre que involucró a los estudiantes de UC Berkley aquel día, ya que creo que realmente quería ver a la gente recibir a Jesús como su Señor y Salvador personal. Su motivo era puro, pero su método era pobre.

¿Cuál fue el método de Jesús para involucrar a los pre-creyentes? El Apóstol Pablo dijo:

> *Me acerqué a ustedes en debilidad: con timidez y temblor. Y mi mensaje y mi predicación fueron muy sencillos. En lugar de usar discursos ingeniosos y persuasivos, confié solamente en el poder del Espíritu Santo. Lo hice así para que ustedes no confiaran en la sabiduría humana sino en el poder de Dios.*[6]

¿Cuál es el poder al que Pablo se refiere? ¿Y está ese poder disponible para nosotros hoy, para llegar a aquellos que no conocen a Jesús, y ayudar a aquellos que sí lo conocen? Jesús dijo que las señales o demostraciones de poder nos seguirían:

> *Estas señales milagrosas acompañarán a los que creen: expulsarán demonios en mi nombre y hablarán nuevos idiomas. Podrán tomar serpientes en las manos sin que nada les pase y, si beben algo venenoso, no les hará daño. Pondrán sus manos sobre los enfermos, y ellos sanarán.*[7]

Estos versículos plantean las siguientes preguntas:

- ¿Nos están siguiendo las señales sobrenaturales?
- ¿Estamos dejando espacio para que Dios se mueva como Él quiere?
- ¿Qué tememos que pase si le damos el control de la Iglesia de regreso a Dios?

¿Nos están siguiendo las señales sobrenaturales? Hechos 3:1-11 es una historia impresionante sobre un hombre lisiado cuya capacidad de caminar fue restaurada inmediatamente por dos de los seguidores de Jesús:

> *Cierta tarde, Pedro y Juan fueron al templo para participar en el servicio de oración de las tres de la tarde. Mientras se acercaban al templo, llevaban cargando a un hombre cojo de nacimiento. Todos los días lo*

> *ponían junto a la puerta del templo, la que se llama Hermosa, para que pidiera limosna a la gente que entraba. Cuando el hombre vio que Pedro y Juan estaban por entrar, les pidió dinero. Pedro y Juan lo miraron fijamente, y Pedro le dijo: "¡Míranos!". El hombre lisiado los miró ansiosamente, esperando recibir un poco de dinero, pero Pedro le dijo: "Yo no tengo plata ni oro para ti, pero te daré lo que tengo. En el nombre de Jesucristo de Nazaret, ¡levántate y camina!". Entonces Pedro tomó al hombre lisiado de la mano derecha y lo ayudó a levantarse. Y, mientras lo hacía, al instante los pies y los tobillos del hombre fueron sanados y fortalecidos. ¡Se levantó de un salto, se puso de pie y comenzó a caminar! Luego entró en el templo con ellos caminando, saltando y alabando a Dios. Toda la gente lo vio caminar y lo oyó adorar a Dios. Cuando se dieron cuenta de que él era el mendigo cojo que muchas veces habían visto junto a la puerta Hermosa, ¡quedaron totalmente sorprendidos! Llenos de asombro, salieron todos corriendo hacia el pórtico de Salomón, donde estaba el hombre sujetando fuertemente a Pedro y a Juan.*

Lo que encuentro aún más fascinante que esta sanidad milagrosa es que los milagros de este tipo eran la regla, no la excepción, a lo largo del libro de los Hechos. Si Jesús es el mismo hoy como lo fue ayer, entonces ¿por qué no estamos viendo las mismas manifestaciones de Su poder ahora? La falta de poder en la Iglesia de hoy es desconcertante. Por todas partes donde Jesús fue hizo estragos en el reino de las tinieblas:

> *Y ustedes saben que Dios ungió a Jesús de Nazaret con el Espíritu Santo y con poder. Entonces Jesús hizo lo bueno y sanó a todos los que fueron oprimidos por el diablo, porque Dios estaba con él.* [8]

Hoy, el reino de la oscuridad se está extendiendo por toda nuestra nación a un ritmo alarmante. Encajonado con billones de dólares de deuda y frente a la realidad del terror mundial, los desastres naturales regulares, la discordia política generalizada y las familias rotas, estamos oscilando en el precipicio de una crisis nacional. A pesar de esto, el asistente a la iglesia promedio es ajeno a las obras del maligno, que está destruyendo sistemáticamente a nuestras familias a través de la ausencia de padres, el alcoholismo, el divorcio, las drogas y el abuso sexual.

El ataque coordinado de los secuaces de Osama Bin Laden el 9 de septiembre del 2011, fue una llamada de atención para que la Iglesia se levantara, pero en vez de eso, nos dimos vuelta, apretamos el botón de 'aplazar alarma' y nos volvimos a dormir. El 911 no fue sólo un ataque terrorista; fue una lección mortal de cómo algunos hombres dedicados, aunque en el lado equivocado de la rectitud, pueden cambiar el curso de una nación si están dispuestos a sacrificar sus vidas por una causa en la que creen.

Jesús reclutó, entrenó y capacitó a doce hombres a sacrificar sus vidas por el evangelio. Debido a que audazmente declararon el evangelio con señales que los siguieron, cambiaron el destino de su propia generación y de todas las generaciones venideras. Primero fueron a las estructuras religiosas de su día, a las sinagogas y al templo, pero cuando no fueron recibidos llevaron el Evangelio al mercado. Dondequiera que iban, sanaron a los enfermos, liberaron a los cautivos y llevaron a la gente a Jesús. Podemos hacer lo mismo si estamos dispuestos a establecer nuestras agendas en favor de la agenda del Espíritu Santo.

[1] Efesios 4:11-13, 2 Corintios 12:12 NTV

[2] Hechos 4:29-30, 5:12-16 NTV

[3] Hechos 1:8, 8:5-7; Romanos 15:16-19; 2 Corintios 12:12 NTV

[4] Hechos 7:38 NTV

[5] Éxodo 13:21 NTV

[6] 1 Corintios 2:3-5 NTV

[7] Marcos 16:17-18 NTV

[8] Hechos 10:38 NTV

5

CAPÍTULO CINCO

De Huérfanos a Hijos e Hijas

No los abandonaré como a huérfanos; vendré a ustedes.[1]

Sin embargo, me sacaste a salvo del vientre de mi madre y, desde que ella me amamantaba, me hiciste confiar en ti.[2]

Uno de los principales retos a los que se enfrenta hoy la Iglesia es nuestra dependencia en las fórmulas, o programas planeados, herméticos, en lugar de buscar el pecho, o el íntimo y revelador liderazgo de El Shaddai. El Shaddai[3] significa, 'Dios es mi pecho'. ¿Cómo vamos a experimentar un avivamiento genuino si no nos desprendemos de la fórmula humana? Para liberarnos de nuestras agendas y seguir la agenda del Padre, debemos permitir que el Espíritu Santo nos transforme de huérfanos a hijos e hijas. En Juan 5:19, Jesús reveló que el ser hijos era y es la clave del éxito del reino:

> *Entonces Jesús explicó: "Les digo la verdad, el Hijo no puede hacer nada por su propia cuenta; solo hace lo que ve que el Padre hace. Todo lo que hace el Padre, también lo hace el Hijo.*

El Hijo estaba en sincronía con el Padre en todo momento, compartiendo un vínculo íntimo que no podía ser quebrado. En el Jardín de Getsemaní, Jesús le rogó al Padre que dejara pasar la copa de su sufrimiento inminente de Él,[4] no porque temiera al dolor físico y a la tortura de la crucifixión, sino porque temía ser separado por primera vez del amor de su Padre.[5] La idea de estar separado de Su Padre asustó a Jesús, el Hijo, tanto que pensó momentáneamente en pasar de largo la cruz. Pero en lugar de sucumbir a lo que debió haber sido un temor abrumador, Jesús presionó a causa del gozo que le esperaba.[6] ¿Cuál era este gozo? Era la alegría de saber que, si se permitiera ser separado de su Padre en la cruz, haría posible que los huérfanos rebeldes conocieran al Padre íntimamente de la misma manera que Él lo hizo.

En un momento crucial de la historia de la humanidad, el Hijo se volvió extraño al Padre cuando gritó: "Dios mío, Dios mío, ¿por qué me has abandonado?"[7] Es decir, experimentó por primera vez lo que significaba ser separado del amor del Padre, convirtiéndose literalmente en huérfano, haciendo posible para nosotros como huérfanos, convertirnos en hijos e hijas. En la cruz, Jesús no sólo quitó el pecado que nos separó del Padre, sino que también hizo posible que nosotros volviéramos a nuestro diseño original y comenzáramos a funcionar en consecuencia.

En Lucas 3:38, se refiere a Adam como un hijo de Dios. En el jardín, Adán era un hijo, no un huérfano. Disfrutó el placer de conocer a Dios íntimamente y fue dotado de fuerza sobrenatural, inteligencia y vida eterna. En la Caída, Adán perdió su identidad original como hijo de Dios cuando él y Eva comieron del árbol del conocimiento del bien y del mal.[8] A partir de ese momento, Adán ya no funcionó como hijo sino como huérfano. En lugar de caminar íntimamente con el Padre, le temía y se avergonzaba de sus propias deficiencias.[9]

Como se mencionó anteriormente, cuando Jesús murió en la cruz, Él hizo posible que fuéramos restaurados a nuestro diseño original. Él vino como el segundo Adán para restaurar nuestra verdadera identidad y nuestro ADN celestial que fue robado en el Edén:

> *Las Escrituras nos dicen: "El primer hombre, Adán, se convirtió en un ser viviente, pero el último Adán — es decir, Cristo — es un Espíritu que da vida. Lo que primero viene es el cuerpo natural, y más tarde viene el cuerpo espiritual. Adán, el primer hombre, fue formado del polvo de la tierra, mientras que Cristo, el segundo hombre, vino del cielo. Los que son terrenales son como el hombre terrenal, y los que son celestiales son como el hombre celestial. Al igual que ahora somos como el hombre terrenal, algún día seremos como el hombre celestial."* [10]

Si nosotros, los hijos e hijas de Dios, debemos ser revelados a toda la creación, [11] debemos pedir al Hijo de Dios que elimine toda falsa imagen que enmascara nuestra verdadera identidad como hijos revelados de Dios. Cuando esto ocurra, seremos transformados sobrenaturalmente de regreso a nuestro diseño original, haciéndonos depender cada vez menos de la fórmula humana y más y más en la dirección de 'Él de muchos pechos'. En efecto, la transformación de huérfanos a hijos e hijas maduros nos permitirá discernir lo bueno de lo malo [12] y saber lo que el Padre está haciendo. Una vez que sepamos lo que el Padre está haciendo, comenzaremos a realizar las obras mayores que Jesús profetizó. [13]

Uno de mis actores favoritos de artes marciales de todos los tiempos fue Bruce Lee. Ya sea cuando luchó en los torneos de Kung Fu, o actuó en la gran pantalla de cine, todo el mundo sabía que Lee era capaz de derrotar a cualquier persona, en cualquier momento y en cualquier lugar. Lee atribuyó su éxito a un estilo de artes marciales llamado Jeet Kune Do. En el guión de 1973, la película de Warner Brothers, *Enter the Dragon* ("Operación Dragón" título en español), le preguntaron a Lee: "¿Cuál es tu estilo?" Él respondió: "¿Mi estilo? Puedes llamarlo el arte de luchar sin luchar." [14]

Jeet Kune Do era una forma de Kung Fu chino sin forma. A través de sus estudios, Lee llegó a creer que los estilos se habían vuelto demasiado rígidos y poco realistas. Él llamó a las competiciones de artes marciales del día, natación en tierra seca, y creía que el combate real era espontáneo, y que un artista marcial no podía predecir, pero sólo reaccionar; y un buen artista marcial debe ser como el agua, moviéndose fluidamente sin vacilación. [15]

Aunque yo no creo y no apoyo de ninguna manera la filosofía del Yin y el Yang que sustenta Jeet Kune Do, creo que la Iglesia puede aprender del ejemplo de Lee y llegar a ser mucho más fluida mientras es guiada por el Espíritu Santo, y mucho menos guiada por fórmulas impulsadas por agendas humanas. Esto no significa que no debamos planear o minimizar la excelencia para moverse en el Espíritu, pero sí significa que como hijos e hijas sólo haremos lo que vemos hacer a nuestro Papá. Esto parecerá arriesgado para muchos, pero otros tomarán el paso y descubrirán la alegría de hacer sólo lo que ven hacer a su Padre celestial.

Para derrotar a cada oponente, Bruce Lee seleccionó estratégicamente el estilo específico de Kung Fu que combatiría más eficazmente su estilo de lucha particular. En el reino espiritual, el diablo no puede ser derrotado si no estamos conscientes de lo que está haciendo.[16] Esta conciencia es a la que se refiere en Hebreos 5:14 como discernimiento. Compartiré mucho más acerca de este don espiritual tan necesario a medida que avancemos.

Durante la Guerra del Golfo Pérsico en 1980, Saddam Hussein lanzó cuarenta y dos misiles Scud contra Israel, de los cuales treinta y ocho efectivamente aterrizaron dentro de las fronteras de Israel, matando a dos personas y destruyendo miles de hogares y apartamentos. La pérdida de vidas fue terrible, pero las bajas podrían haber sido considerablemente mayores si Hussein hubiera tenido mejor tecnología de misiles a su disposición.

Mientras Hussein estaba lanzando misiles Scud hacia ciudades de todo Israel, las fuerzas estadounidenses estaban lanzando misiles guiados por láser o bombas inteligentes, para bombardear objetivos militares estratégicos en todo Irak. A diferencia de los Scud que fueron disparados en la dirección general hacia las zonas pobladas con la esperanza de matar a los israelíes, los misiles dirigidos por láser golpearon objetivos específicos con precisión puntual, minimizando los daños colaterales.

Nosotros estamos en una guerra por nuestras familias y nuestras naciones, y a veces parece que el enemigo está ganando. No podemos permitirnos luchar contra el mal con oraciones misiles Scud que se lanzan hacia el reino de la oscuridad, con la esperanza de cambiar la corriente. En cambio, el Padre quiere que hagamos la guerra con el enemigo como hijos e hijas que son capaces de discernir lo que está haciendo y responder estratégicamente lanzando oraciones láser, guiadas y declaraciones que destruyen las obras del enemigo con precisión. Después, compartiré cómo el don del discernimiento ha hecho sobrenaturalmente posible sanar a los enfermos y liberar a los cautivos tanto en la Iglesia como en el mercado.

[1] Juan 14:18 NTV

[2] Salmos 22:9 NTV

[3] Blog de Estudios Judíos por Dr. Eli. http://www.jewishstudies.cteacher.com

[4] Mateo 26:39

[5] Marcos 15:34

[6] Hebreos 12:2

[7] Marcos 15:33-34

[8] Génesis 3:6-7

[9] Génesis 3:8-10

[10] 1 Corintios 15:45-49 NTV

[11] Romanos 8:19

[12] Hebreos 5:14

[13] Juan 14:12

[14] https://es.wikipedia.org/wiki/Bruce_Lee

[15] Ídem.

[16] 2 Corintios 2:11-12

[17] https://es.wikipedia.org/wiki/Guerra_del_Golfo

[18] Juan 5:19

CAPÍTULO SEIS

Milagros en La Montaña del Señor

Sin embargo, no me atrevo a jactarme de nada, salvo de lo que Cristo ha hecho por medio de mí al llevar a los gentiles a Dios a través de mi mensaje y de la manera en que he trabajado entre ellos. Los gentiles se convencieron por el poder de señales milagrosas y maravillas, y por el poder del Espíritu de Dios. De esa manera, presenté con toda plenitud la Buena Noticia de Cristo desde Jerusalén hasta llegar a la región del Ilírico.[1]

Cuando yo era niño, uno de mis lugares favoritos para comer helado era Baskin-Robbins. Su frase para la comercialización era, "¿Cuál es su sabor? 31 sabores de los cuales elegir." Al igual que los 31 sabores de helado de Baskin-Robbins, *Miracles On The Mountain of the Lord* (Milagros en la Montaña del Señor) presenta 31 diferentes categorías de milagros que el Señor ha realizado durante los últimos veinte años a través de la gente de Mountain View Community Church, cada uno de los cuales ha sido único. El deseo del Señor de expresar Su genio creador a través de nosotros, la Iglesia:

> *El propósito de Dios con todo esto fue utilizar a la iglesia para mostrar la amplia variedad de su sabiduría a todos los gobernantes y autoridades invisibles que están en los lugares celestiales.*[2]

Por definición, los milagros son instantáneos, mientras que la sanidad típicamente suele tener lugar en el tiempo. Ya sea de forma inmediata o gradual, Dios ama revelarse a sí mismo como sanador porque Él verdaderamente ama y se preocupa por nosotros. Deje que los siguientes relatos de la milagrosa mano de Dios abran sus ojos al reino de lo sobrenatural y lo anime a creer que todas las cosas son posibles con Dios.

Diversas Señales y Maravillas (Categoría 1)

> *Esteban, un hombre lleno de la gracia y del poder de Dios, hacía señales y milagros asombrosos entre la gente.*[3]

Después de sonar el timbre, esperé a que mi amigo Filis saliera.

"Rob, ¿qué haces aquí? -preguntó con una expresión de perplejidad en su rostro.

¡Tú me invitaste, Filis!

No, no lo hice, respondió.

Sí, lo hiciste -yo insistí.

Después de pensarlo, Filis descubrió que me había invitado accidentalmente a su casa, confundiendo mi apellido en su Rolodex con uno de sus líderes que tenía un nombre similar. Sin embargo, estoy muy agradecido de que él me pidiera que entrara a su casa esa noche para escuchar a sus amigos, Gord y Jan Whyte, compartir su notable testimonio sobre el poder del amor de Dios.

Jan había llegado a un pueblo en una nación del tercer mundo, vestida con un traje de pantalón de tres piezas, flamante, de un blanco brillante. Al caminar hacia el pueblo, vio a una mujer cubierta en barro de la cabeza a los pies. El Espíritu Santo susurró: "Jan, ve a esa mujer y dale un gran abrazo en Mi nombre." "Pero Señor", dijo ella, "Me encantaría abrazarla, pero mi nueva ropa se ensuciará." Dios persistió, "Jan, ámala por Mí."

Ella protestó una segunda vez, explicándole al Señor que, aunque ella quería hacer lo que Él le pidió, no era posible porque su traje nuevo se arruinaría. Sin poder ser persuadido, el Señor le dijo por tercera vez: "Jan, quiero que la abraces", y sintiendo Su corazón por esta mujer, Jan finalmente accedió.

Con un intérprete a su lado, Jan se acercó a la mujer y le pidió permiso para darle un abrazo. La mujer estuvo de acuerdo y Jan la abrazó con fuerza. Unos momentos más tarde, la mujer comenzó a saltar de arriba abajo, gritando de alegría. "Pregúntele qué está pasando", le dijo Jan a la intérprete, quien luego informó: "Ella sólo dijo que estaba ciega, pero ahora puede ver."

Si te sientes llamado a orar por los enfermos, recuerda esto: ¡Es el amor insaciable de Dios el que sana! No se trata de realizar grandes hazañas para Dios. Es sencillo. Se trata de amar a las personas en nombre del Señor. No hay nada más poderoso.

Cuando me estaba despidiendo de los miembros de nuestra familia de la iglesia el domingo por la tarde, Phil se acercó y pidió oración por la parte de atrás de su rodilla. Obligado, esperé a que el Espíritu Santo apareciera. Un minuto después, Phil dobló las rodillas y comenzó a balancearse de lado a lado como si estuviera esquiando por una ladera de la montaña. Mientras esto sucedía, compartió que sentía como si estuviera girando hacia adelante y sobre unas bolas. Sobra decir, que Phil salió del estacionamiento ese día sin dolor en la parte de atrás de su rodilla derecha.

Una madre y su hijo recién convertido asistieron a una reunión de nuevos creyentes en la oficina de nuestra iglesia. Escéptica al respecto de esta pasión que encontró su hijo por Dios y la iglesia, ella había venido a vernos. Cuando la reunión llegó a su fin, compartí que el Señor quería sanar a alguien con una dolencia en la espalda y comenzamos a orar unos por otros. Cinco minutos más tarde me di cuenta de que esta madre giraba sus caderas hacia adelante y hacia atrás en un movimiento circular como si tuviera un aro de 'hula hula' alrededor de su cintura. Esta extraña manifestación duró quince minutos. "¿Qué estás haciendo Señor?" Me preguntaba.

Más tarde, la mujer que oró por ella informó con gran entusiasmo: "Ella dijo que tuvo un dolor crónico en la espalda baja durante veinticinco años, y cada vez que sus caderas giraban hacia adelante y hacia atrás el dolor en su espalda disminuía gradualmente, hasta que desapareció completamente - ¡El Señor la ha sanado!"

No hay nadie más bondadoso que Jesús. ¡En lugar de condenar a esta mujer por su duda e incredulidad, ¡Él sanó su espalda! Finalmente recibió al Señor, se bautizó y se convirtió en un miembro fiel de nuestra iglesia. ¡Aleluya!

Marta, una mujer retirada, de nuestra congregación, pidió oración por su espalda enferma. Le pedí al Señor que respondiera a su petición y la presencia de Dios vino sobre ella inmediatamente. Justo delante de mis ojos y con su marido de pie a su lado, Martha comenzó a doblarse hacia atrás como si estuviera haciendo la danza del 'limbo'. Increíblemente, la parte de atrás de su cabeza casi tocó el suelo, lo cual era increíble porque ella estaba en sus sesenta años. En lo natural, Martha nunca pudo haberse inclinado hacia atrás, pero lo hizo. Varios minutos más tarde, la presencia del Señor se fue y ella se levantó y dijo, "¡Mi espalda está sana!"

Después de un servicio dominical, cuatro damas retiradas, que visitaban nuestra iglesia pidieron oración. Curiosamente, las cuatro tenían problemas de cuello. Cuando estaba a punto de orar, olí incienso y mirra en el Espíritu. Cuando esto sucede, parece que el Señor está a punto de liberar Su poder sanador.

> *Mirra, áloe y casia perfuman tu manto; en palacios de marfil, la música de cuerdas te entretiene.*[4]

Para mi asombro, las cuatro damas dijeron que Dios había sanado sus cuellos. No hubo oración, ni imposición de manos, ni nada. Dios reveló lo que estaba a punto de hacer con el discernimiento del olfato, y luego lo hizo soberanamente.

[1] Romanos 15:18-19 NTV

[2] Efesios 3:10 NTV

[3] Hechos 6:8 NTV

[4] Salmos 45:8 NTV

7

CAPÍTULO SIETE

La Ansiedad, El Miedo y El Estrés *(Categoría 2)*

Mientras Israel permanecía en Sitim, los hombres comenzaron a caer en la inmoralidad sexual con las mujeres Moabitas, quienes los invitaban a participar en los sacrificios a sus dioses. La gente comía la comida del sacrificio y se inclinaba ante estos dioses. Entonces Israel se unió al Baal de Peor. Y la ira del Señor se encendió contra ellos.[1]

El teléfono sonó. En el otro extremo estaba una de nuestras líderes del equipo ministerial. Llorando, dijo, "No sé lo que está pasando. Estoy estresada y llena de temor y con una ansiedad abrumadora." Unas cuantas preguntas más tarde fue evidente que no había razón racional para su ansiedad, y yo estaba perplejo. Momentos después, sentí una dolorosa sensación entre mi ombligo y mi hueso púbico. Voy a hacerte una pregunta difícil: "¿Alguna vez tuviste un aborto?" "No, no lo he hecho, pero he tenido un aborto espontáneo," respondió.

Oseas 9:11-14 [2] (RVR1960) es un pasaje que explica el por qué tantas mujeres tienen abortos espontáneos:

> *La gloria de Efraín volará cual ave, de modo que no habrá nacimientos, ni embarazos, ni concepciones. ¡Y si llegaren a grandes sus hijos, los quitaré de entre los hombres!, por qué ¡Ay de ellos también, cuando de ellos me aparte! Efraín, según veo, es semejante a Tiro, situado en lugar delicioso; pero Efraín sacará sus hijos a la matanza. Dales, oh Jehová, lo que les has de dar; dales matriz que aborte, y pechos enjutos.*

¿Podría el miedo y la ansiedad de esta mujer estar conectados con la adoración de Moloc? Moloc era el dios del fuego del pueblo cananeo, que se dedicaba a la vil práctica de sacrificar a niños inocentes a cambio del favor de Moloc, de una buena cosecha o protección.

Le pregunté si estaba dispuesta a arrepentirse de la adoración de Moloc en nombre de su línea familiar generacional, explicando que tal sacrificio infantil era equivalente al aborto y sugiriendo la posibilidad de que su ansiedad pudiera estar relacionada con tal adoración. Desesperada por encontrar alivio, se arrepintió de esta posible iniquidad, y para su asombro la ansiedad se fue de inmediato. Colgando el teléfono, me pregunté si el maligno tiene el derecho legal de causar abortos debido a la adoración ancestral de Moloc.

The March of Dimes informa que hasta el 50% de todos los embarazos terminan en un aborto espontáneo, muy a menudo antes de que una mujer pierda un período menstrual o incluso sepa que está embarazada. Alrededor del 15-25% de los embarazos reconocidos también terminan en un aborto inesperado, y más del 80% de los abortos ocurren dentro de los primeros tres meses del embarazo.[3]

De acuerdo con la comunidad médica, las posibles causas de abortos espontáneos incluyen diabetes, problemas hormonales, infección, problemas de tiroides y anormalidades uterinas.[4] Una investigación en salud mental ha demostrado que las mujeres que han tenido un aborto involuntario a menudo sufren de ansiedad, con hasta 1 de cada 5 experimentando niveles de ansiedad similares a las personas que asisten a servicios ambulatorios psiquiátricos y hasta un tercio de ellas están clínicamente deprimidas.[5]

¿Es posible que nos hayamos topado con una solución bíblica para la ansiedad que las mujeres enfrentan después de un aborto involuntario? Una solución que bien puede ser tan simple, como una oración de restitución[6] que se arrepiente por ello y renuncia al sacrificio de niños inocentes en la línea generacional.

[1] Números 25:1-3 (RVR1960)

[2] NTV

[3] http://www.webmd.com/baby/guide/pregnancy-miscarriage#1

[4] *¿Qué es lo que causa un aborto inesperado?* http://www.en.webmd/

[5] *Estadísticas del aborto espontáneo y del embarazo utópico:*
http://www.en.tommys.org/

[6] *La Oración de Restitución* está disponible en:
http://aslansplace.com/language/en/prayer-of-restitution/

8

CAPÍTULO OCHO

Milagros en la Tienda Macy's *(Categoría 3)*

> *¿Alguno está enfermo? Que llame a los ancianos de la iglesia, para que vengan y oren por él y lo unjan con aceite en el nombre del Señor.* [1]

Es mi opinión que el menos entendido de los dones del Espíritu Santo[2] es el don del discernimiento. Hebreos 5:14 trae luz sobre el por qué este don aún no se ha manifestado plenamente en el cuerpo de Cristo, explicando que el discernimiento es para los hijos e hijas maduros, quienes por la práctica constante han entrenado sus sentidos espirituales para discernir lo que está sucediendo en los reinos espirituales a través del uso de los cinco sentidos físicos: [3]

> *El alimento sólido es para los que son maduros, los que a fuerza de práctica están capacitados para distinguir entre lo bueno y lo malo.*[4]

Por ejemplo:

- El rey David **oyó** [5] el sonido de la marcha en las copas de los árboles de bálsamo cercanos, y este sonido en el Espíritu le aseguró que los filisteos serían derrotados, tal como Dios lo había prometido.
- Josué **vio** [6] al comandante del ejército cuando se acercó a la ciudad de Jericó y le preguntó si era amigo o enemigo. El comandante le aseguró que era del ejército del Señor, dándole a Josué la confianza para llevar a los israelitas a tomar a Jericó por la tormenta.
- David **olió** [7] la fragancia del Señor.

- Job **probó** [8] la injusticia en su lengua.
- Pedro **sintió** [9] que un ángel lo despertaba de su sueño y lo ayudaba a escapar de la cárcel.

En el Antiguo Testamento, los ancianos eran hombres llenos de sabiduría y de revelación que se sentaban a la puerta de la ciudad supervisando los asuntos del pueblo.[10] En el Nuevo Testamento, los ancianos eran, y siguen siendo hasta el día de hoy, los líderes principales de la iglesia local que son responsables de supervisar, proteger y orar por el pueblo de Dios.[11]

> *¿Hay alguno entre ustedes que está enfermo? Pida a los ancianos de la iglesia que oren por él, ungiéndolo con aceite en el nombre del Señor.*

La Biblia también nos informa que los ancianos también pueden ser seres espirituales creados que rodean el trono de Dios [12] y cumplen varias funciones específicas:

- Ellos adoran a Dios [13]
- Ellos presentan sus coronas ante Dios [14]
- Ellos se comunican con el pueblo de Dios [15]
- Ellos reúnen las oraciones del pueblo de Dios en tazones [16]
- Ellos le cantan una nueva canción a Dios [17]

Como se dijo anteriormente, una de las funciones de los ancianos de la iglesia local es orar por los enfermos. Curiosamente, una de las funciones de los veinticuatro ancianos alrededor del trono de Dios es recolectar las oraciones de los santos. Desde 1996, una y otra vez he experimentado la participación estratégica con la sanidad de los veinticuatro ancianos al tocar partes específicas de mi cuerpo, revelando así las condiciones físicas específicas que el Padre quiere sanar.[18]

Mientras Barbara, y yo entrabamos por una puerta lateral del Macy's en Kaneohe, sentí un dolor agudo en uno de mis codos, lo cual he aprendido que es el Señor me está dejando saber que Él quiere ministrar a alguien que trata con la inflamación en su cuerpo, como la artritis, tendinitis, etc. "¡Genial!" Pensé, "Hay tanta gente aquí Señor. ¿Por quién quieres que ore?"

Mientras tanto, mi esposa se dirigió hacia el departamento de joyería donde una vendedora le preguntó qué clase de joyería quería comprar. Barb, respondió que ella solo estaba mirando, y siguió haciéndolo. En ese momento, sentí el mismo dolor en mi codo de nuevo, así que, alentado por esto, hablé con la vendedora, "Sé que esto suena medio loco, pero ¿tiene usted artritis?" Sorprendida, retrocedió y respondió: "Acabo de llegar de ver a mi médico hoy más temprano. Me compartió los resultados de una resonancia magnética reciente que indica que mi columna vertebral está llena de artritis. ¿Cómo lo sabe?" Lleno de fe, le pregunté: "¿Puedo orar por usted?" Cuando lo hice, otra vendedora se acercó lentamente hacia nosotros, y al acercarse, sentí un destello de dolor detrás de mí ojo derecho. Tomado por sorpresa, le dije al Señor, "Esto es demasiado para que yo averigüe que es. No voy a decir nada."

Esperando educadamente hasta que terminé de orar, la segunda mujer dijo, "Mi hija acaba de llamar y necesita oración porque le diagnosticaron cáncer detrás de su ojo derecho." ¡Estaba atónito! Oré por la sanidad de su hija y le dije a ambas mujeres que mi iglesia estaría orando por ellas también.

Un mes más tarde, regresé al departamento de joyería para ver de nuevo a ambas mujeres. Para mi consternación, me dijeron que la vendedora con el problema en la columna vertebral artrítica había sido transferida a otra tienda así que no sé si ella fue sanada o no. La otra señora, sin embargo, estaba trabajando ese día y ella me informó que su hija había sido completamente sanada del cáncer. Le pregunté si conocía a Jesús y ella dijo que sí y que estaba asistiendo a una iglesia local. Dejé Macy's maravillado del poder milagroso del Señor.

Una de las razones por las que me encanta ir a Macy's es que tienen una gran cafetería llamada el Gazebo. Un día, mientras me encontraba en la fila para almorzar, sentí una intensa pesadez en mi pecho. Pagando la factura, le pregunté a la cajera si ella o cualquiera de los otros empleados que estaban trabajando ese día tenían problemas de salud relacionados con su pecho. Ella respondió: "Una de nuestras trabajadoras acaba de enterarse que tiene cáncer de mama." "¿Puedo orar por ella?" Pregunté con una gran anticipación, pero me dijeron que como recién había recibido la noticia sobre el cáncer la habían enviado a su casa por el día. Antes de salir de la cafetería, le pedí al gerente que le avisara a su empleada que estaríamos orando para que Dios la sanara y que no se preocupara. Entonces informé a nuestros intercesores sobre su condición y ellos comenzaron a orar por ella durante los próximos treinta días.

Meses después, recibí una carta de la empleada pidiéndome que diera las gracias a nuestros intercesores. ¿La razón? Adivinó. El cáncer en su pecho había desaparecido por completo. De esta experiencia y otros encuentros de Dios en Macy's, he aprendido que si estableces un lugar donde puedas interactuar constantemente con aquellos que no han experimentado a Dios, Él se presentará realizando milagros en su nombre.[19]

Macy's obviamente no es el único lugar donde Dios sana a la gente, pero es el lugar donde frecuentemente se puede presentar a otros a Jesús. Ya sea en la peluquería, club de tenis o centro de entrenamiento; ¿dónde puede ir para establecer nuevas relaciones e introducir a otros al poder milagroso de Jesús?

Después de la iglesia, un domingo, seis de nosotros nos reunimos en el Gazebo para orar. Cuando la asistente del gerente pasó le pregunté, "Cheryl, ¿hay algo por lo que necesites oración?" Ella respondió que todo su brazo, incluyendo su codo, vibraba de dolor. Kevin, un miembro del equipo de oración, preguntó, "En una escala del 1 al 10, ¿qué tan malo es su dolor?" "¡8!" Exclamó. Él se ofreció a orar y ella estuvo de acuerdo. Ahora recuerde, a veces Dios responde a la oración con el tiempo y a veces Él responde rápidamente. Esta vez sólo pasaron unos segundos antes de que Cheryl dijera, "¡Dios mío! ¡El dolor se ha ido! ¡El dolor se ha ido!"

Cada vendedor sabe que un cliente feliz les dirá a sus amigos y familiares acerca de un servicio o producto si han tenido una buena experiencia. A principios del 2016, Cheryl había sido recientemente ascendida a gerente del Gazebo. Pasando por al lado de una cliente que estaba comiendo, algo le dijo que todo no estaba bien así que le preguntó a la mujer si estaba bien. La señora respondió que había sido diagnosticada a principios de la semana con cáncer en la lengua y que a su esposo le habían diagnosticado cáncer de pulmón la semana anterior. Cheryl la miró y dijo, "No estoy tratando de forzar nada, pero Dios curó mi brazo el año pasado y el hombre que oró por mí está sentado en esa mesa allá. ¿Le gustaría que le preguntara si estaría dispuesto a orar por usted y por su marido?" "¡Por supuesto!" respondió ella.

Kevin y Gary, otro creyente de nuestra congregación, respondieron a la solicitud de Cheryl y se acercaron y se presentaron con la pareja. Después de escucharlos compartir la situación, oraron para que Dios los sanara y los confortara. Con lágrimas, expresaron su agradecimiento y se fueron. Kevin y Gary no los han visto desde entonces, así que no sabemos si Dios los sanó o no, o si han recibido a Jesús; pero a veces nuestro papel no es cosechar la cosecha, sino plantar semillas para que otros puedan cosechar en el futuro.

> *Yo (Paul) planté la semilla en sus corazones, y Apolos la regó, pero fue Dios quien la hizo crecer.* [20]

Aunque ni Kevin, ni Gary ni la gerente del Gazebo saben lo que pasó, pueden ser felicitados por plantar fielmente la semilla que Dios quiso plantar ese día.

---

[1] Santiago 5:14 NTV

[2] 1 Corintios 12:4-11 NTV

[3] Oído, vista, olor, gusto, tacto

[4] NTV

[5] 2 Samuel 5:22-25

[6] Josué 5:13-15

[7] Salmos 45:8 NTV

[8] Job 6:30

[9] Hechos 12:7

[10] Rut 4:11

[11] 1 Pedro 5:1-3

[12] Apocalipsis 4:4, 10-11; 5:8

[13] Apocalipsis 4:10-11, 14

[14] Apocalipsis 4:10

[15] Apocalipsis 7:13

[16] Apocalipsis 5:8

[17] Apocalipsis 5:9

[18] A menudo menciono las sensaciones corporales específicas que he sentido antes de orar por los enfermos. Muchos enseñan que este fenómeno espiritual es la palabra de ciencia, pero creo que es el don de discernimiento.

[19] Lucas 10:8-9

[20] 1 Corintios 3:6

9

CAPÍTULO NUEVE

Pruébame Otra Vez; ¡Estoy Sano! *(Categoría 4)*

> *Entonces Jesús le dijo al oficial romano: "Vuelve a tu casa. Debido a que creíste, ha sucedido." Y el joven siervo quedó sano en esa misma hora.*[1]

Un joven de veintitantos años se sentó frente a mí en una cafetería para desayunar. Mientras conversábamos, sentí una fuerte sensación en mi ingle. Por una experiencia anterior, sabía que existía una fuerte posibilidad de que este joven estuviera lidiando con alguna fortaleza sexual de algún tipo. En la pequeña charla, podían notar que él quería decirme algo, pero estaba vacilante porque estábamos en un lugar público. Le sugerí que pudiéramos ir a mi oficina cercana para mayor privacidad. Una vez allí, confesó que antes de la salvación había tenido relaciones y había contraído una enfermedad de transmisión sexual. Esto fue devastador porque él anhelaba casarse e ir al campo misionero, y sintió que ninguna mujer querría compartir su vida porque él era una "mercancía dañada." Dije una rápida oración pidiéndole a Dios que lo sanara. Él se levantó y proclamó que Dios lo había sanado y que iba a volver al médico para que lo chequearan otra vez. Debo admitir que mi nivel de fe no era muy alto porque en mi mente él tenía una enfermedad incurable. Sin embargo, le animé a que se hiciera la prueba.

Varios días más tarde le explicó a su médico lo que creía que el Señor había hecho y le pidió una nueva prueba. Escéptico, el médico, aunque creyente, trató de desalentar la nueva prueba porque estaba seguro de que los resultados no cambiarían. Pero el joven se mantuvo firme en su convicción de que Dios lo había sanado e insistió. Dos semanas más tarde llamó, muy emocionado que no podía contener su alegría por que Dios había restaurado completamente su cuerpo y eliminado su vergüenza. A través de este joven, Dios me enseñó una lección invaluable: el poder de Dios no fluye a través de carros estacionados. ¡Debemos entrar en el reino de la fe y actuar!

En Mateo, leemos acerca de un hombre de una fe similar:

> *Cuando Jesús regresó a Capernaum, un oficial romano se le acercó y le rogó: —Señor, mi joven siervo está en cama, paralizado y con terribles dolores. —Iré a sanarlo —dijo Jesús. —Señor —dijo el oficial—, no soy digno de que entres en mi casa. Tan solo pronuncia la palabra desde donde estás y mi siervo se sanará. Lo sé porque estoy bajo la autoridad de mis oficiales superiores y tengo autoridad sobre mis soldados. Solo tengo que decir: "Vayan", y ellos van, o: "Vengan", y ellos vienen. Y si les digo a mis esclavos: "Hagan esto", lo hacen. Al oírlo, Jesús quedó asombrado. Se dirigió a los que lo seguían y dijo: "Les digo la verdad, ¡no he visto una fe como esta en todo Israel! Y les digo que muchos gentiles vendrán de todas partes del mundo —del oriente y del occidente— y se sentarán con Abraham, Isaac y Jacob en la fiesta del reino del cielo. Pero muchos israelitas —para quienes se preparó el reino— serán arrojados a la oscuridad de afuera, donde habrá llanto y rechinar de dientes." Entonces Jesús le dijo al oficial romano: "Vuelve a tu casa. Debido a que creíste, ha sucedido." Y el joven siervo quedó sano en esa misma hora.* [2]

Como el centurión, el joven había contraído una enfermedad médicamente incurable. Puso su fe en movimiento y experimentó la gracia sanadora de su Padre Celestial. Desde que fue sanado, este joven ha ministrado fielmente a los desamparados en Honolulu, se ha acercado a los no salvos en el Pacífico del Sur, y ha sido una luz brillante para Cristo en todas partes que ha ido.

---

[1] Mateo 8:13 NTV

[2] Mateo 8:5-10, 13 NTV

10

CAPÍTULO DIEZ

Libre de la Profundidad Impía (Categoría 5)

Toda su familia intentó consolarlo, pero él no quiso ser consolado. A menudo decía: "Me iré a la tumba llorando a mi hijo", y entonces sollozaba. [1]

En el otoño del 2015, un equipo ministerial de nuestra iglesia ministró a un grupo de líderes en una iglesia local. Durante esta reunión el Señor me mostró que alguien que asistía a la reunión estaba tratando con una dolorosa condición de oído. En respuesta a mi pregunta sobre este tema, una mujer de unos treinta años levantó la mano.

Después del servicio, una miembro de nuestro equipo de oración, Karen, comenzó a ministrar a la mujer. Cerrando los ojos, Karen tuvo una visión sorprendente de la mujer con un viejo traje de buceo con un hilo de oro pasando por su cabeza y por los oídos. El traje era un poco anticuado con un casco redondo y una manguera de aire conectada, como en la película de *20,000 Leguas de Viaje Submarino*.

Karen compartió conmigo lo que había visto. Yo estaba perplejo e inseguro de lo que el Señor estaba diciendo, pero luego tuve la idea de "quitar el hilo de su cabeza." Por obediencia, tiré simbólicamente el hilo de su cabeza desde el lado izquierdo. En dos segundos dijo, "Algo loco sucedió. Cuando sacó el hilo de mi cabeza, en realidad lo sentí salir por mi cabeza y por mi oído. Me siento como si acabara de tener una cirugía."

Una semana más tarde, nuestro equipo regresó al mismo lugar para realizar otro entrenamiento y escuchó el testimonio de la mujer sobre cómo había estado sufriendo de dolor intenso en ambos oídos, pero ahora estaba completamente libre de dolor.

Todo el mundo se regocijó por esta asombrosa señal y maravilla. Y me preguntaba, mientras seguía reflexionando sobre el significado de la visión de Karen del traje de buceo. Luego tuve un momento de "ajá" cuando me di cuenta de que el traje simbolizaba la profundidad impía.

La profundidad impía [2] es una dimensión o lugar dentro de los lugares celestiales.[3] En la escritura se refiere a ella como:

- Seol — Génesis 37:35, 42:38
- Hades — Mateo 16:18, Hechos 2:27
- El abismo — Job 33:28-30
- El abismo más bajo — Salmo 88:6
- La trampa — Salmo 141:9, Eclesiastés 7:26
- La red — Salmo 31:4, 35:7
- La tumba — Salmo 88:5
- La trampa —Salmo 124:7, 140:4
- Oscuridad — Salmo 88:6
- Oscuridad Exterior — Mateo 25:30
- La oscuridad total — Salmo 107:10/NVI
- La tierra del olvido — Salmo 88:12

La profundidad impía es un lugar dentro de los reinos celestiales donde partes del alma de una persona (mente, voluntad y emociones) están atrapadas. Una persona puede quedar atrapada en la profundidad impía como consecuencia del adulterio,[4] la prostitución,[5] la violencia, la percepción de que Dios lo está castigando[6] y un amplio espectro de eventos traumáticos como un accidente de carro, la pérdida de un ser querido,[7] la violación, divorcio, un procedimiento quirúrgico difícil, y muchos otros.

Palabras de naturaleza ofensiva o abusiva que fueron habladas sobre alguien por personas en autoridad (por ejemplo, maridos, padres, maestros, pastores, etc.) pueden colocar a ese individuo en la profundidad impía.

Durante una visita a la iglesia de la dama con el oído sanado, el Señor continuó ministrándola sanando una profunda herida emocional que había sostenido durante la infancia. Sintiendo un intenso dolor en mi pecho (corazón), pregunté si alguien estaba lidiando con un dolor emocional. Ella reconoció que era ella, y dijo que estaba abierta a la ministración. Le pedí al Señor que revelara la raíz del dolor y Él disparó un traumático recuerdo de la infancia de unas vacaciones familiares cuando ella había caído enferma y estaba tratando de dormir. Su padre estaba escuchando la radio y cuando su madre le pidió que bajara el volumen para que ella pudiera descansar más cómodamente, él se opuso categóricamente y lo subió más en su lugar, explotando airadamente contra su madre. Terriblemente enferma, ella no era de capaz de decir o hacer nada para ayudar a su madre mientras su padre descargó su rabia. Profundamente traumatizada por el maltrato de su padre a su madre, partes de sus emociones quedaron atrapadas en la profundidad impía.

Después de su recuerdo lleno de lágrimas por esta experiencia, uno de sus pastores estaba sentado cerca y él la ministró en nombre del padre. Hablando por el padre, le pidió que perdonara por abusar de su madre y por no ser sensible a su necesidad de descansar. Las lágrimas cayeron por su rostro mientras perdonaba a su padre durante este poderoso tiempo de ministración.

Y entonces le pedí al Señor que recuperara cada parte de sus emociones que estaban atrapadas en la profundidad impía, y se las devolviera y que la hiciera completa. Minutos más tarde, ella compartió que realmente podía sentir partes de sus emociones volviendo a ella. Ella estaba verdaderamente abrumada por la bondad y misericordia del Señor.

Pocos hombres entienden la autoridad que llevan, y el poder que tienen para bendecir o maldecir a su ser querido, [8] y no tienen comprensión de los efectos para toda la vida de sus acciones injustas. Cuando una persona está atrapada en la profundidad impía el enemigo bombardea repetidamente sus emociones con el miedo, la condenación, la culpa y la vergüenza, causando lo que la comunidad de la salud mental identifica como TEPT (Trastorno por estrés postraumático.)⁹

Entonces, ¿cómo uno se libera de la profundidad impía? Hay tres pasos muy sencillos:

1. Perdone a la persona que lo colocó en la profundidad
2. Pídale a Dios que lo perdone por colocar a otros en la profundidad
3. Pídale al Señor que recupere todas las partes del alma atrapadas en la profundidad y que se las devuelva a usted y lo haga completo.

Mateo 25:14-30 es un pasaje que frecuentemente es mal entendido. En esta parábola, Jesús cuenta la historia de tres sirvientes a quienes se les han confiado cantidades variables del dinero de su amo antes de partir en un viaje. Volviendo, se reunió con sus sirvientes para que dieran cuenta de su mayordomía. El primer sirviente informó que había doblado el dinero de su amo, al igual que el segundo, y él los elogió a ambos por invertir sabiamente y los invitó a compartir su alegría. El tercer siervo, sin embargo, informó que por temor había enterrado el dinero, no ganando ningún interés. Molesto ante su sirviente por no haber obtenido ninguna ganancia, el amo dijo:

> *"Ahora bien, arrojen a este siervo inútil a la oscuridad de afuera, donde habrá llanto y rechinar de dientes".*[10]

Muchos comentaristas han enseñado que el tercer siervo perdió su salvación porque estaba demasiado asustado para invertir el dinero de su amo sabiamente. Sin embargo, la Biblia enseña que la única razón por la que alguien termina en la eternidad sin Cristo es porque han rechazado la gracia de Dios. Si la salvación no puede ser ganada, [11] ¿por qué mandó el maestro a su siervo a las tinieblas exteriores? Tal vez hemos malinterpretado o malentendido el término 'oscuridad exterior' teniendo equivocadamente que significa el infierno en lugar de una región o dimensión impía dentro de los lugares celestiales. David lo lamentó (los paréntesis son míos):

> *Porque mi alma está hastiada de males, Y mi vida (alma) cercana al (Seol). Soy contado entre los que descienden al (sepulcro); soy como hombre sin fuerza, abandonado entre los muertos, como los pasados a*

> *espada que yacen en el (sepulcro), de quienes no te acuerdas ya, y que fueron arrebatados de tu mano. Me has puesto en el (hoyo profundo,) (en tinieblas,) en (lugares profundos)... ¿Serán reconocidas en (las tinieblas) tus maravillas, y Tu justicia (en la tierra del olvido)?* [12]

Sin intentar encender un debate teológico, estoy proponiendo que la oscuridad exterior es una dimensión espiritual dentro de los lugares celestiales más que el destino eterno de aquellos que perecen sin Cristo. Atrapados en este lugar celestial, la gente experimenta tormento y angustia porque han escogido no invertir en los recursos que Dios les ha confiado en el reino de Dios, o permiten que el miedo les impida perseguir el llamado de Dios en sus vidas.

La parábola de los talentos es una historia sobre la liberación del reino de los cielos en la tierra. Si queremos que Dios transforme nuestra nación, ciudades y pueblos, no podemos enterrar los talentos que Él nos ha confiado. Debemos salir de nuestros asientos, entrar en el campo de la cosecha, y liberar el reino de Dios que está dentro de nosotros.[13]

Un hombre de unos sesenta años se me acercó después de un servicio dominical, con los ojos brillantes de la emoción mientras relataba cómo el Señor lo había liberado de la profundidad impía el día anterior. Su padre alcohólico varias veces le dijo que nunca valdría nada, creció bajo una oscura nube de miedo penetrante y dudas de sí mismo. A la edad de doce años recibió a Jesús su salvador personal y fue bautizado. Seis años más tarde experimentó la persona del Espíritu Santo y dispuso su corazón para llegar a ser pastor. Años más tarde, viajó a Filipinas con su flamante esposa, con la intención de lanzar un nuevo ministerio, pero su sueño de convertirse en un pastor se desvaneció cuando sus líderes le dijeron que él no tenía lo que se necesitaba. Dijeron que su único papel sería apoyar al liderazgo, pero nunca ser un líder. Creyendo en sus palabras, se hundió en la oscuridad durante treinta años; constantemente él dudaba sobre su identidad, contemplando el suicidio, sintiéndose insatisfecho y luchando por mantenerse fuera de las deudas. Esto dio un giro completo cuando uno de los pastores que había frustrado sus esperanzas en Filipinas lo contactó a través de un amigo mutuo.

Siendo inconsciente del efecto devastador que sus palabras habían tenido en este hombre, el pastor se arrepintió profundamente, pidió disculpas, y pasó como una hora en el teléfono hablando palabras de vida sobre él. Hoy, a la edad de 60 años, este hombre ha entrado en un nuevo capítulo en su vida. Libre de la oscuridad exterior, entró a un seminario local y ha comenzado a enseñar una clase en nuestra iglesia. Ya no está atado por la desesperanza y la derrota, está dando pequeños pasos en el llamado de Dios para su vida. Sorprendentemente, sus finanzas también han mejorado.

Una ex prostituta y bailarina exótica se sentó ante un pequeño grupo de creyentes en mi sala de estar y compartió que ella había sido parte de la industria del sexo en Hawái durante quince años. Detenida de moverse en su potencial, y siempre sintiendo que no pertenecía a ningún entorno social o a ninguna familia de la iglesia, se sorprendió por lo que sucedió después de orar para sacarla de la profundidad impía.

Para su asombro, comenzó a recibir múltiples invitaciones para dirigir la adoración en diferentes lugares. Esto la bendijo enormemente, ya que la adoración es su batería personal de 12-voltios. También ha comenzado a ver visiones vivas que la han acercado mucho al Señor y le han ofrecido múltiples oportunidades para orar por otros que están luchando con diversos problemas emocionales y espirituales. A la edad de sesenta y dos años, se siente como si le hubieran dado un nuevo comienzo.

Como muchos creyentes llenos del Espíritu en nuestras iglesias que están atrapados en la profundidad impía, esta mujer luchó durante años porque partes de su mente, voluntad y emociones quedaron atrapadas en esta dimensión espiritual. Probablemente es seguro decir que muchos pre-creyentes también están también atrapados en esta dimensión espiritual, cargados con depresión y sus doctores prescribiéndoles medicamentos y psicoterapia.

Una niña de diez años vino a mi oficina con su abuela. Retirada de la custodia de sus padres por Servicios de Protección a la Niñez, fue colocada bajo el cuidado de sus dos abuelas. La del lado de su padre, explicó que la niña estaba teniendo dificultades para llevarse bien con sus compañeros de clase y maestros en la escuela. También reveló que su nieta había sido diagnosticada con trastorno bipolar.

Durante nuestra sesión de dos horas me enteré de que esta encantadora niña de diez años no sólo había sido abusada física y emocionalmente por su padre, sino que también había sido separada de sus dos hermanas menores. Traumatizada y llena de dolor, soltó su ira contra su padre, su maestro y sus compañeros de clase porque sus emociones estaban atrapadas en la profundidad impía.

Era muy difícil para esta niña perdonar a su padre, pero finalmente, con mucho estímulo, lo hizo y yo oré para que el Señor la sacara de la profundidad impía.

Un mes más tarde, la abuela informó que su comportamiento en el aula había mejorado dramáticamente y que su psicóloga había determinado que ya no sufría de trastorno bipolar. Este fue un asombroso giro de 360 grados para una niña con mucho coraje que estaba a punto de ser expulsada de la escuela.

En el 2015, una mujer que había visitado nuestra iglesia nos confió a mi esposa y a mí diciendo, que un cliente de su firma la había violado viciosamente. Ahora ella se encerraba en su oficina y era incapaz de funcionar, haciendo que su empleador cuestionara su trabajo. Para complicar las cosas, el violador era el principal cliente de su empresa, alguien con quien interactuaba con regularidad. Con miedo de decirle a cualquiera de sus socios de negocios lo que había sucedido por temor a perder los negocios del cliente, trató de seguir adelante, pero no pudo hacerlo. Le explicamos que el trauma que ella había experimentado la había colocado en las profundidades del Seol, y le pregunté si ella estaba dispuesta a perdonar al hombre y orar para ser quitada de la profundidad impía. Desesperada por seguir adelante con la vida, estuvo de acuerdo. Varios meses después dejó su compañía y se trasladó a otro estado, y hoy es una mujer vibrante y productiva que vive sin obstáculos por el horror de estar atrapada en los impíos reinos celestiales donde había sido bombardeada con ansiedad y desesperanza.

Escuché atentamente a otra mujer que después de dieciocho años de abuso verbal, psicológico y físico por parte de su esposo estaba a punto de pedir el divorcio. Su pastor y yo le aconsejamos que optara por un período de separación, pero ella era inflexible sobre que su matrimonio había terminado. Con su mente definida, sentí que el Señor quería liberarla de la profundidad impía. No queriendo asumir esto, le pregunté si alguna vez se sintió temerosa, desesperada, deprimida o desconectada. No fue ninguna sorpresa que se relacionara con todo lo anterior. Le expliqué que probablemente estaba atrapada en la profundidad impía y le ofrecía la opción de liberarse. Ella asintió con la cabeza, perdonó a su esposo y oró. Después compartió dos cosas: Primero, sintió la liberación de algo indescriptible saliendo de la parte superior de su cabeza (su pastor también lo sintió). En segundo lugar, sintió una sensación de lavado sobre ella. Misericordiosamente, el Señor la había liberado de dieciocho años de esclavitud debilitante que la habían colocado en una dimensión de desesperanza y miedo.

(Nota: Considere usar la Oración para liberarse de las profundidades impías) [15]

[1] Génesis 37:35 NTV

[2] Salmo 86:13, 107:26

[3] Efesios 6:12

[4] Proverbios 2:18

[5] Proverbios 5:3-5, 9:18

[6] Salmo 88:1-18

[7] Génesis 37:35

[8] Génesis 31:24-32, 35:39; Proverbios 18:21

[9] *Trastorno de estrés postraumático -*
http://www.nimh.nih.gov/NationalInstituteofMentalHealth/

[10] Mateo 25:30 NTV

[11] Efesios 2:8-9

[12] Salmo 88:3-6 (RVR1960)

[13] Lucas 19:12-27

[14] Génesis 37:35

[15] http://aslansplace.com/language/es/category/oraciones/

11

CAPÍTULO ONCE

Evangelismo Amistoso *(Categoría 6)*

> *Entonces su amo dijo: "Ve por los senderos y detrás de los arbustos y a cualquiera que veas, insístele que venga para que la casa esté llena.*[1]
>
> *Ustedes son la luz del mundo, como una ciudad en lo alto de una colina que no puede esconderse. Nadie enciende una lámpara y luego la pone debajo de una canasta. En cambio, la coloca en un lugar alto donde ilumina a todos los que están en la casa. De la misma manera, dejen que sus buenas acciones brillen a la vista de todos, para que todos alaben a su Padre celestial.*[2]

Como personas de la luz, se supone que debemos dejar que nuestra luz brille. Como personas de fe, estamos llamados a ir más allá de la comodidad y seguridad de las cuatro paredes de las estructuras de nuestras iglesias y destruir las obras del diablo.[3] La fe es privada, pero también es pública. Somos el cuerpo vivo de Cristo y somos ungidos para hacer obras mayores.[4]

La gente acababa de vaciar el estacionamiento y se había ido a casa, cuando una mujer repartidora de pizzas de Dóminos, salió de su coche y se acercó a mí:

> ¿Es usted él que ordenó pizza?
>
> "No, no soy", pero en ese momento sentí un destello de dolor en mi rodilla izquierda. "¿Algo anda mal con su rodilla izquierda?"
>
> "Sí, tengo una rodilla mala", respondió, mirándome con curiosidad.
>
> "¿Puedo orar por usted?"

"Por supuesto."

Dije una oración rápida para que el Señor sanara su rodilla y luego la animé a hacer algo que ella previamente no podía hacer. Se sentó en el suelo y cruzó las piernas. "¡Oh, Dios mío! ¡El dolor se ha ido!" Le pregunté si conocía a Jesús y ella respondió afirmativamente, agregando que no había ido a la iglesia en mucho tiempo debido a sus tres trabajos de medio tiempo. Le expliqué que el Señor la había sanado porque estaba tratando de llamar su atención para que ella regresara a Él. Ella me dio las gracias, me dijo que iba a decirles a sus amigos lo que Dios había hecho por ella, y se fue a hacer su próxima entrega.

Barbara y yo estábamos haciendo nuestra habitual caminata del lunes por la mañana, a través de una hermosa comunidad cerca de nuestra casa. Mientras pasamos por una de las jardineras, sentí dolor en mi espalda baja. Después de haberla saludado muchas veces, sonreí mientras nos acercábamos, le presenté a Barb, y le pregunté si sufría de problemas de espalda. Ella dijo que sí, y pasamos los próximos diez minutos conociéndola y orando, y luego continuamos con nuestra caminata.

La próxima vez que nos encontramos nos informó que su dolor de espalda había desaparecido. Desde entonces, hemos tenido muchas conversaciones y he tenido la oportunidad de orar por ella por otros asuntos. Durante un tiempo compartió que solía seguir a Jesús cuando era una adolescente, yendo a la iglesia regularmente, pero que todo cambió después de que el pastor se le propuso de una manera inapropiada. Desilusionada, abandonó la iglesia y nunca volvió. En nombre del pastor, le pedí perdón. Ella recibió mi gesto y me permitió orar por ella. Mientras las lágrimas rodaban por sus mejillas, ella comentó que no sabía por qué lloraba. Le dije que era el Espíritu Santo llamándola a casa.

Antes de continuar mi caminata por la mañana, la animé a volver a la iglesia. Podía notar que ella no estaba lista para dar ese paso, pero sabía que el hielo alrededor de su corazón había empezado a derretirse. Mi punto aquí es enfatizar que, como hijos e hijas de Dios, estamos llamados a mezclarnos con personas fuera de los cuatro muros de la iglesia y a reconciliarlos con Dios, con los demás y con ellos mismos.

> *Dios bendice a los que procuran la paz, porque serán llamados hijos de Dios.*[5]

Si mi esposa y yo no hubiéramos seguido la dirección del Espíritu Santo para orar por la espalda de esta mujer, no nos hubiésemos enterado que ella era una hija pródiga y tuvimos la oportunidad de llevarla de regreso a Dios.

El difunto John Wimber dijo una vez: "La carne está en la calle." Hacia fines del 2007, mi esposa y yo estuvimos de acuerdo en que era hora de comprar un auto nuevo. Mientras yo estaba firmando el papeleo para nuestro brillante nuevo Toyota FJ Cruiser en un concesionario local, sentí dolor en la parte superior de mi cuello justo debajo de mi mandíbula izquierda. Señalando el lugar donde sentía el dolor le pregunté al vendedor si tenía una enfermedad que estaba afectando sus glándulas. Sorprendido, nos compartió que tuvo Linfoma de Hodgkin. Me ofrecí a orar por él y dijo que sí. ¿Por qué no lo haría? Después de todo, acababa de comprarle un auto nuevo.

Dios no sanó al vendedor de Toyota esa noche, pero Él me dio la oportunidad de compartir el evangelio con él después de que aceptó mi invitación a almorzar conmigo en una fecha posterior. Nuestra conversación reveló que había sido monaguillo en la Iglesia Católica cuando era niño, había sido herido por un sacerdote y ahora no quería tener nada que ver con Dios o con la Iglesia. Le permití desahogarse y luego compartió que no fue por error que nos hubiéramos encontrado y que el Señor estaba tratando de llamar su atención mostrándome que tenía el linfoma de Hodgkin. También le expliqué lo que Jesús había hecho por él en la cruz. Tristemente, aunque oyó el evangelio, declinó mi invitación a recibir a Cristo, y dieciocho meses más tarde murió. Aunque Dios no sanó a este vendedor del cáncer, Él lo alcanzó antes de morir para darle la oportunidad de entrar en el cielo como un hijo, ya que:

> *El Señor, No quiere (que nadie) sea destruido; quiere que todos se arrepientan.*[6]

No tenemos control sobre quién recibe a Jesús o no, pero podemos presentar audazmente el evangelio a otros, a medida que el Señor nos guíe.

Volviéndome a mi barrio, noté a una mujer en la calle que no había visto en años. Me paré cerca, estacioné mi carro y grité, "Hola, Dale. ¿Cómo estás?"

Intercambiamos una conversación pequeña, y mencionó que estaba tratando de hacer ejercicio, pero que era difícil porque tenía un esguince en el tobillo. "Déjame orar por ti", insistí. Esa noche recibí un mensaje de ella por Facebook reportando que su tobillo se había sanado.

Dios le dará múltiples oportunidades de orar por personas fuera de la iglesia si se lo pide. A Él le importan los pequeños detalles de las vidas de las personas porque Él es un Padre Amoroso.

Veinticinco personas se reunieron en el centro comercial Windward en Kaneohe a mitad de la semana, para orar por las necesidades de la gente. Le pedimos al Señor por Su favor, nos dividimos en grupos y fuimos a buscar gente para orar. Una hora más tarde, nos reunimos para informar lo que Dios había hecho.[7] Un hombre llamado Justin compartió que, aunque estaba muy nervioso, se había acercado a una anciana y le había preguntado si podía orar por ella. La mujer inmediatamente recibió su amable ofrecimiento, explicando que había estado sufriendo de un dolor insoportable en su pierna durante el último año (se la había roto un año antes y no había sanado adecuadamente). Justin hizo una breve oración, sin esperar que sucediera nada, pero la mujer lo miró y dijo: "¡No puedo creerlo, el dolor se ha ido! Muchas gracias." ¡Justin estaba tan sorprendido como ella! Esta mujer experimentó el toque sanador de Jesús porque Justin salió de su zona de comodidad y cruzó la línea del miedo.

Hace años, mi esposa y yo estábamos caminando en el segundo piso del Centro Comercial Windward cuando entramos en una nube de la

Gloria sanadora de Dios. No vimos la Gloria, pero estábamos envueltos por ella, sintiéndola fresca, hormigueante y eléctrica.

Mientras estábamos maravillados de la presencia de Dios, Él murmuró suavemente: "Dile a mi pueblo que estoy en el centro comercial." Yo sabía en ese momento que el Señor quería que yo alentara a la Iglesia a salir del encajonamiento; que Él quería que fuéramos a los centros comerciales, restaurantes y otros lugares públicos para que Él pudiera encontrarse con la gente a través de nosotros que no eran conscientes de que Él es mucho más que un cuento de hadas. Si salimos a los lugares públicos por fe, para compartir el evangelio, la promesa de Dios es:

(Mi pueblo) pondrán sus manos sobre los enfermos, y ellos sanarán.[9]

Si no estamos dispuestos a cruzar la línea del miedo, nunca experimentaremos cuán increíblemente fiel es el Señor para cumplir su promesa de sanar a los enfermos.

[1] Lucas 14:23 NTV

[2] Mateo 5:14-16 NTV

[3] Hechos 10:38

[4] Juan 14:12

[5] Mateo 5:9 NTV

[6] 2 Pedro 3:9 NTV

[7] Lucas 9:10

[8] La Gloria es la presencia manifiesta de Dios

[9] Marcos 16:18 NTV

12

CAPÍTULO DOCE

Un Giro Dramático *(Categoría 7)*

> *En ese preciso momento Jesús sanó a muchas personas de enfermedades, dolencias, y expulsó espíritus malignos y les devolvió la vista a muchos ciegos.*[1]

Cincuenta personas se habían reunido en la oficina de nuestra iglesia el domingo por la tarde, para una clase que yo estaba dando sobre el ministerio de liberación. Al comienzo de la clase sentí una inflamación en mi codo y pregunté si alguno de los presentes tenía artritis. Una mujer de unos cincuenta años levantó la mano y compartió que la tenía en sus dos manos. "¿Hay alguien en su línea generacional, incluyendo usted, que no haya perdonado a otros por ofensas pasadas?", pregunté. Ella reconoció que era el caso de su abuela materna.

En nombre de la madre de su madre, esta mujer le pidió al Señor perdonar a su familia por retener resentimientos y negarse a perdonar a los que la habían herido. También perdonó a su abuela por pasarle la fortaleza de la artritis. En cuestión de segundos, se desmoronó al suelo gritando de agonía mientras su brazo derecho y su mano se retorcían hacia arriba. Todos los presentes soltaron un jadeo colectivo mientras miramos el Espíritu Santo liberar, y finalmente expulsar, el espíritu de la artritis. El Señor no cedió hasta que su brazo y cuerpo entero quedaron flojos. Diez años más tarde, la mujer me visitó en mi consultorio, todavía completamente libre de artritis.

A lo largo de los años he visto al Señor liberar a la gente de los efectos debilitantes de la artritis. En casi todos los casos la causa principal de su aflicción ha sido una falta de voluntad personal de perdonar a alguien que los había herido u ofendido, o un problema generacional porque alguien en su familia también se había negado a perdonar.

Nuestra clase Corazones de Sanidad acababa de concluir en nuestra casa. Cuando la gente estaba saliendo por la puerta principal, una mujer pidió oración por una condición de artritis en ambos pies. Sospechando que se trataba de un dolor no resuelto, le pregunté si ella estaba guardando cualquier amargura hacia alguien de su familia. Recordó que su madre, una mujer estoica, no le había permitido expresar sus emociones cuando era niña. "¿Ha perdonado a su madre?", pregunté. "Supongo que no", murmuró. En el acto, ella perdonó a su madre y le pidió perdón a Dios por los años de amargura reprimida. En respuesta, el Espíritu Santo vino sobre ella y ella se desplomó en el suelo. El siguiente fin de semana testificó en la iglesia que podía hacer dos cosas que había sido incapaz de hacer durante mucho tiempo, ahora podía sentarse con las piernas cruzadas en el piso y podía subir las escaleras de su casa sin dolor.

[1] Lucas 7:21 NTV

13

CAPÍTULO TRECE

Pañuelos, Delantales y Carpetas de Papel (Categoría 8)

> *Y Dios estaba haciendo milagros extraordinarios por las manos de Pablo, de modo que hasta los pañuelos o delantales que habían tocado su piel fueron llevados a los enfermos, y sus enfermedades los dejaron y los malos espíritus salieron de ellos.*[1]

En el 2009, asistí a una conferencia de señales y maravillas en el Centro de Convenciones de Negocios de Hawái. El último día, Joshua Mills, el conferencista, levantó sus manos para que todos pudieran ver que aceite estaba goteando de sus manos (el aceite es un símbolo del poder sanador de Dios).[2]

Yo estaba un poco escéptico al principio, pero sabía que con Dios todas las cosas son posibles. Minutos después, Mills se limpió las manos con varias hojas de una carpeta de papel, las cortó en pedazos y las distribuyó a todos los que quisiera dárselos a seres queridos que necesitaban el toque milagroso de sanidad de Dios.

Varias mujeres de nuestra iglesia observaron conmigo mientras Mills distribuía los pedazos de papel, pero siendo bautistas, no estábamos muy seguros de cómo responder. Entre los que estaban de nuestra iglesia había una mamá primeriza que tenía un pezón infectado por la lactancia de su niña, y ella quería saber lo que yo pensaba. La animé a que tomara el pedazo de papel, de modo que esa noche ella pegó el papel que había recibido de Joshua Mills en su pecho y se fue a la cama. A la mañana siguiente examinó su pezón y la infección se había ido. ¡Todas las cosas son posibles para los que creen!

Bob Koo, a quien me referí antes, me compartió que el Señor una vez lo llevó a que una mujer con una hernia de disco en su cuello, se parara frente a la pantalla del proyector mientras él estaba de pie frente a él, de tal manera que él estaba proyectando su sombra sobre ella. Momentos después empezó a gritar que el Señor le había sanado su cuello. Su reacción fue tan dramática que los enfermos comenzaron a formar una larga cola para sanarse.

> *Los apóstoles hacían muchas señales milagrosas y maravillas entre la gente. Y todos los creyentes se reunían con frecuencia en el templo, en el área conocida como el pórtico de Salomón; pero nadie más se atrevía a unirse a ellos, aunque toda la gente los tenía en alta estima. Sin embargo, cada vez más personas —multitudes de hombres y mujeres— creían y se acercaban al Señor. Como resultado del trabajo de los apóstoles, la gente sacaba a los enfermos a las calles en camas y camillas para que la sombra de Pedro cayera sobre algunos de ellos cuando él pasaba. Multitudes llegaban desde las aldeas que rodeaban a Jerusalén y llevaban a sus enfermos y a los que estaban poseídos por espíritus malignos, y todos eran sanados.* [3]

Mientras Bob compartía esta historia, yo fui desafiado porque todo esto parecía tan extraño, pero sabía que en Hechos 5:15 claramente dice que la sombra de Pedro sanó gente. Varias semanas más tarde, Bob se paró delante de nuestra congregación y preguntó si alguien tenía un problema en el cuello. Una madre de dos niños, se acercó y se paró delante de la pantalla del proyector de la iglesia. Bob seleccionó a un hombre llamado Sean de la primera fila para proyectar su sombra sobre la mujer. Bob le preguntó a la mujer cómo estaba su cuello y dijo que estaba mejor. Esa noche llamé a la mujer para determinar si realmente se había sanado y ella reportó que no sólo su dolor había desaparecido, sino que también su cuello ya no estaba haciendo ruido. He concluido que la razón principal por la que no vemos más milagros de sanidad dentro y fuera de la iglesia es por incredulidad.[4]

---

[1] Hechos 19:11-12 NTV

[2] Santiago 5:14

[3] Hechos 5:12-16 NTV

[4] Mateo 13:58

14

CAPÍTULO CATORCE

El Cáncer - ¡Se Fue! *(Categoría 9)*

¡El fiel amor del Señor nunca se acaba! Sus misericordias jamás terminan. Grande es su fidelidad; sus misericordias son nuevas cada mañana.[1]

El 11 de diciembre del 2014, Marianne Santos fue diagnosticada con cáncer nivel cuatro. Su médico le informó que sus resultados revelaron que se había extendido a sus pulmones, cuello, hígado, pecho y a la ingle. Como si esto no fuera bastante malo, el doctor de Marianne le dio sólo de 18 a 24 meses de vida. Devastada, cayó de rodillas y clamó al Señor por misericordia. El domingo 29 de noviembre, menos de un año después de que Marianne recibiera su diagnóstico terminal, se paró ante nuestra congregación con lágrimas corriendo por su rostro y un informe de laboratorio en la mano, compartiendo que el Señor la había sanado completamente. ¡No quedaba ni un solo rastro del cáncer en su cuerpo!

Barbara y yo nos encontramos primero con Marianne en Macy's, y sintiendo que necesitaba oración, le pregunté si estaba bien físicamente. Se veía muy saludable, así que nos sorprendió mucho cuando nos contó sobre el cáncer. Cuando una persona se enfrenta a la eternidad, a menudo están abiertas a la oración, y Marianne no fue la excepción. Tomé su mano y le pedí al Señor que la sanara. En cuestión de segundos sentí el fluir de una niebla fría cargada de electricidad y le pregunté si ella también la sintió. Ella también lo hizo.

Dos meses después, volví a visitar a Marianne en el trabajo y le pedí que me pusiera al día. Me informó con entusiasmo que el tumor pulmonar se había reducido de 3 cm a 1,3 cm. "¡Alabado sea el Señor! Pidámosle al Señor que lo reduzca a cero", declaré con confianza.

A lo largo de su calvario, Marianne hizo su parte. Ella le pidió a mucha gente que orara por su sanidad, también cambió su dieta, mantuvo una actitud positiva, citaba las escrituras y declaraba su sanidad todos los días. Ella no era una receptora pasiva de la sanidad, sino una participante audaz y llena de fe; ella es un milagro andante, un faro de esperanza para las personas que sufren de cáncer. Marianne es la prueba viviente de que el cáncer no es una sentencia de muerte sino una oportunidad para que Dios sea glorificado.

El cáncer es una enfermedad en la cual las células anormales se dividen incontrolablemente y destruyen el tejido corporal. Hay muchos tipos de cáncer, que suelen ser nombrados por el órgano o la célula donde comienza. Algunos cánceres pueden propagarse desde el sitio original y moverse a otros lugares del cuerpo.[2] El cáncer afecta a multitudes, y las estadísticas[3] de abajo, se ofrecen para ilustrar la magnitud de las oportunidades de ministrar que nos rodean:

- Hay más de 100 tipos de cáncer; por lo tanto, cualquier parte del cuerpo puede verse afectada
- En el 2008, 7,6 millones de personas murieron de cáncer, lo que representa el 13% de todas las muertes del mundo
- Los 5 tipos de cáncer más comunes que mata a las mujeres son de mama, pulmón, estómago, colorrectal y cervical.
- Los 5 tipos de cáncer más comunes que matan a hombres son de pulmón, estómago, hígado, colorrectal y esófago.

Mucho se ha escrito sobre las causas del cáncer, su prevención y varios tipos de tratamiento; pero independientemente de cualquiera de estos hechos, el poder de la oración es asombrosa. La oración es acreditada por muchos dentro de la comunidad de la fe, como la razón principal de su recuperación. Que las siguientes historias lo inspiren a buscar la oración como una solución viable para esta temida enfermedad, adicionalmente a lo que la ciencia de la medicina ofrece.

Aquellos que necesitaban oración fueron invitados a pasar adelante después de nuestro servicio de Nochebuena. Entre los que respondieron, había una mujer en sus treintas que llevaba una peluca y padecía cáncer de mama:

"¿Usted tiene una hermana?" Le pregunté.

"Si, si la tengo."

"¿Cómo es su relación con ella?"

"¡La odio!"

"¿Por qué la odia tanto?" Le pregunté con curiosidad.

"Mi madre siempre la ha favorecido más que a mí", dijo ella con una expresión de disgusto.

"¿Cómo te sientes en relación a tu mamá?"

"¡También la odio!"

En los minutos siguientes, la animé a perdonar a su madre y a su hermana, a arrepentirse por su odio hacia ellas y a pedirle a Dios que la perdone por despreciarlas. Lo hizo sin vacilar, y luego le pedí al Señor que la sanara de cáncer. Meses después, vi a su marido en el gimnasio y me enteré que el cáncer había desaparecido por completo. Dieciséis años después, sigue viva y se mantiene sana.

Una mujer recién casada con cáncer cerebral estado cuatro se paró frente a mí. Su petición de oración fue sencilla: "Señor, déjame vivir." Oré para que Dios la sanara y ella se fue. Seis meses más tarde, la mujer de nuestra congregación que había invitado a esta mujer a nuestro servicio, me dijo que había recibido una carta de su amiga informándole que el cáncer había desaparecido milagrosamente. ¡Me quedé asombrado!

Otra mujer también me pidió oración por el cáncer cerebral en estado cuatro. Después de hacerle varias preguntas sobre sus antecedentes, me enteré de que su abuelo fue masón grado 32.

La masonería es una sociedad secreta que cree en la existencia de un ser supremo, incluyendo los dioses del Islam, el Hinduismo y otras religiones del mundo.[4] A medida que los masones trabajan por el grado más alto en su orden, simbólicamente maldicen diferentes partes de sus cuerpos. Por ejemplo, en uno de estos rituales toman un lazo y lo colocan sobre el cuello del candidato. Esto causa no sólo el miedo de asfixia, sino también causa asma, enfisema y otras dificultades respiratorias relacionadas. Otro ritual que involucra el pecho, a menudo resulta que los masones y sus hijos sufren de problemas físicos del pulmón y áreas del corazón. Cuando uno alcanza el Grado del Santo Arco Real, el candidato hace un gesto simbólico quitando su cabeza de su cuerpo, exponiéndolo al sol caliente.[5] ¡Solo imagínese las consecuencias de eso!

Aunque supuestamente es simbólico, las maldiciones que los masones decretan sobre sí mismos resultan en una lluvia de problemas de salud. Afortunadamente estas declaraciones, cuando son renunciadas,[6] pueden ser anuladas bajo la sangre de Jesús, lo que esta señora hizo con gusto. Un año más tarde, una de las personas que la había ministrado conmigo, me informó que la había visto y que el cáncer cerebral ¡había desaparecido por completo!

En caso de que usted se pregunte, no todos por los que oramos se sanan, y siempre me he preguntado el por qué algunos son sanados y otros no. He concluido que mi papel no es tratar de entender este misterio, sino que es amar a la gente y orar para que Dios haga lo imposible. También he llegado a la conclusión de que, si cada persona por la que oramos se sanara milagrosamente, nuestras vidas estarían bajo tanta presión que estaríamos tentados a creer que nosotros estamos haciendo la sanidad, o también así de malo, a caer bajo el espíritu de codicia, porque peticiones de oración por los enfermos terminales vendrían a nuestra puerta desde todos los rincones del mundo. Orar por los enfermos se trata simplemente de amar a las personas que están atrapadas en un torbellino de miedo y necesitan el abrazo del Padre.

---

[1] Lamentaciones 3:22-13 NTV

² http://curesearch.org/ "¿Que es el cáncer?"

³ http://who.int/en/

⁴ http://www.gotquestions.org/ "¿Qué es la Masonería y en qué creen los masones?"

⁵ http://exposemasonicblogspot.com "Exponiendo la Masonería"

⁶ http://aslansplace.com/language/en/prayer-of-release-for-masons-and-their-descendants/

15

CAPÍTULO QUINCE

Saltando de Alegría *(Categoría 10)*

"No, regresa a tu familia y diles todo lo que Dios ha hecho por ti." Entonces el hombre fue por toda la ciudad proclamando las grandes cosas que Jesús había hecho por él.[1]

Un pastor que nos visitaba, Bob Brasset, acababa de terminar de orar por un hombre de nuestra congregación que había estado sufriendo de un dolor debilitante en su rodilla por muchos años. En pocos minutos el hombre exclamó que el dolor en ambas rodillas había desaparecido. Una semana más tarde, él demostró en nuestro servicio matutino que sus rodillas habían sido sanadas cuando saltó en el aire y cayó muy duro sobre el suelo. También publicó un video testimonial en Facebook acerca de él mismo arrodillado sobre una rodilla, mientras que extendía la otra rodilla a una pulgada del suelo. El video se volvió viral.

El Señor está genuinamente preocupado por lo que a nosotros nos preocupa. Él es verdaderamente un Padre amoroso, nada es imposible para Dios y:

> *El Señor llevará a cabo los planes que tiene para mi vida, pues tu fiel amor, oh Señor, permanece para siempre.*[2]

Una joven de otra iglesia pidió oración por una lesión en la rodilla que había sufrido mientras bailaba. Después que oré, se agacho en una rodilla para probarla. Levantó la vista y dijo: "No podía hacer esto antes sin experimentar dolor. Estoy sana." El comprender que Dios sabe todo lo que estamos pasando y que Él cumple todo lo que nos concierne es alentador. En este caso, Dios restauró la habilidad de esta mujer para adorarlo, a través de restaurar su habilidad para bailar. Él es realmente un Padre bueno, bueno.

[1] Lucas 8:39 NTV

[2] Salmo 138:8 NTV

16

CAPÍTULO DIECISÉIS

La Alta Presión es Sanada *(Categoría11)*

El enojo es cruel, y la ira es como una inundación, pero los celos son aún más peligrosos. [1]

Volviendo a mi oficina después de un chequeo de rutina con mi médico, ¡estaba en shock! Él me había dicho que mi presión arterial era de 180/100, y que podría tener un accidente cerebrovascular si no recibía atención inmediata. Lleno de ansiedad, llamé a un amigo para orar y le expliqué la situación. Él dijo: "Vamos a preguntarle al Señor lo que está pasando."

Después de un minuto de silencio, me preguntó si últimamente había estado celoso de alguien. Pasmado, le respondí que sí. Mi amigo me condujo rápidamente en oración para arrepentirme de los celos y pedir el perdón del Señor.

Las palabras 'celos' y 'envidia' son a menudo confundidas. Envidiamos a alguien cuando codiciamos sus beneficios, éxitos y posesiones, etc., pero ser celosos significa que estamos sintiendo o mostrando sospechas de la infidelidad de alguien en una relación. Esta es una definición útil, pero no explica el significado bíblico de los celos, que es 'desplazamiento' o 'tomar el lugar de otro'.[2]

Cuando el rey Saúl percibió que el pueblo de Israel amaba a David más que a él, el espíritu de celos lo atrapó:

> *Cuando el ejército de Israel regresaba triunfante después que David mató al filisteo, mujeres de todas las ciudades de Israel salieron para recibir al*

> rey Saúl. Cantaron y danzaron de alegría con panderetas y címbalos. Este era su canto: "Saúl mató a sus miles, ¡y David, a sus diez miles!"
>
> Esto hizo que Saúl se enojara mucho. "¿Qué es esto?" dijo. "Le dan crédito a David por diez miles y a mí solamente por miles. ¡Solo falta que lo hagan su rey!" Desde ese momento Saúl miró con recelo a David.³

Cuando la identidad o imagen propia de una persona está enraizada en su posición, en su cargo o en sus relaciones, es susceptible al espíritu de celos. Antes de que Jesús comisionara a los apóstoles para impactar el mundo, los fariseos eran los líderes religiosos de la época. Pero una vez que los apóstoles comenzaron a predicar el reino de Dios, con señales que le seguían; ganaron el favor con el pueblo, desplazando así a los fariseos de su posición de prominencia:

> Como resultado del trabajo de los apóstoles, la gente sacaba a los enfermos a las calles en camas y camillas para que la sombra de Pedro cayera sobre algunos de ellos cuando él pasaba. Multitudes llegaban desde las aldeas que rodeaban a Jerusalén y llevaban a sus enfermos y a los que estaban poseídos por espíritus malignos, y todos eran sanados. Los apóstoles enfrentan oposición. El sumo sacerdote y sus funcionarios, que eran saduceos, se llenaron de envidia. Arrestaron a los apóstoles y los metieron en la cárcel pública.⁴

¿Por qué estaba yo celoso? Caí víctima de esta fortaleza porque creí en la mentira que había perdido el favor y la posición con un líder importante por otro pastor. Irónicamente, la persona a quien llamé para orar por mí era el mismo pastor que yo creía que me había desplazado. ¡Dios tiene tanta gracia!

En cuanto a mi presión arterial, no entiendo completamente por qué el enemigo tenía el derecho legal de atacar mi sistema cardiovascular, pero sospecho que puede haber tenido algo que ver conmigo al no sentirme seguro sobre mi identidad. Como el rey Saúl y los fariseos, había puesto mi valor en mi posición con el hombre en lugar de con el Señor. Debido a esta idolatría en mi corazón le había dado al enemigo el derecho legal de atacar mi cuerpo.⁵

Volví a mi médico al día siguiente y mi presión arterial era 120/80. Sin embargo, una década más tarde, debido a la edad y el estrés aumentó a 140/95. Preocupado porque mi padre murió a la edad de 66 años debido a complicaciones relacionadas con enfermedades del corazón, cambié mi dieta y comencé a hacer ejercicio. También vi a un médico quien me dio medicamentos para la presión alta.

En febrero del 2016 asistí a una cumbre de discernimiento organizada por Aslan's Place en Hesperia, California. Durante una de las sesiones, Paul Cox compartió que la ciencia había confirmado la conexión directa entre la salud física y los elementos de la tabla periódica.[6][7][8]

Lo que es más importante de entender es que toda la materia está compuesta de los elementos de la tabla periódica.[9] Cada uno de estos elementos tiene propiedades únicas que, cuando se unen, crean moléculas como nuestro ADN, que es un diseño codificado.[10] Cuando este diseño es dañado debido a contaminantes químicos en el medio ambiente, pecado personal o iniquidad generacional, somos vulnerables a la enfermedad.

Esto plantea una pregunta importante: ¿Es posible experimentar la sanidad física cuando los elementos en nuestros cuerpos son limpiados del pecado personal, del mal generacional, y luego llevados a la alineación divina con nuestro diseño original?

Paul oró por la limpieza de elementos específicos de la tabla periódica en nuestros cuerpos, que él discernió que fueron contaminados por la iniquidad generacional. Volviendo de California, me sorprendió encontrar que mi presión arterial había bajado de 125/80 a 104/74. Antes de mi viaje, mi doctor había bajado mi medicamento de la presión arterial en un 50% así que no esperaba que bajara, sino que pensé que permanecería en el mismo rango. Las lecturas adicionales continuaron siendo significativamente más bajas. Compartí este nuevo desarrollo con Paul, y él dijo que otras personas que asistieron a la conferencia habían compartido que sus lecturas de la presión arterial también habían bajado - ¡asombroso!

Una oración de ejemplo para limpiar los elementos de su cuerpo:

Señor Jesús, por favor remueve cualquier (nombre del elemento de la tabla periódica) [11] que no debería estar en los niveles celulares y sub-celulares, incluyendo el ADN y el ARN, y tráelo al orden sanador correcto en mi cuerpo. Rompe por favor todos los lazos impíos entre los elementos en la tabla periódica y la tierra, así como cualquier área de la tierra atada a mis líneas generacionales. Por favor, remueve todos los espíritus elementales del tiempo impío y establécelos en el tiempo correcto Kairos. Alinea cada elemento de la tabla periódica en mi cuerpo al trono de Dios y restáuralos a tu diseño original. En el nombre de Jesús, amén.

[1] Proverbios 27:4 NTV

[2] www.diccionario.com

[3] 1 Samuel 18:6-9 NTV

[4] Hechos 5:15-18 NTV

[5] http://www.theslg.com/ "Guerra Espiritual" y "espíritu de celos"

[6] http://www.en.encyclopedia.com/ "Tabla periódica de elementos"

[7] http://www.en.wikipedia.com/ "¿Qué es la tabla periódica?" La tabla periódica es una disposición tabular de elementos químicos, ordenados por su número atómico (número de protones), configuraciones de electrones y propiedades químicas recurrentes.

[8] http://chem4kids.com/ "La Tabla Periódica"

La tabla periódica está organizada como una gran grilla, con cada elemento localizado en una ubicación específica debido a su estructura atómica. Como en cualquier grilla, la tabla periódica, la tabla periódica tiene filas (de izquierda a derecha) y columnas (arriba y abajo). Cada fila y columna tiene características específicas, y toda materia está hecha de los elementos listados en la tabla periódica.

[9] Ídem.

[10] http://reasons.org "Científicos Escriben el Libro Sobre Diseño Inteligente"

[11] https://en.wikipedia.org/wiki/Periodic_table

17

CAPÍTULO DIECISIETE

Mancha Amenazadora Desaparece (Categoría 12)

> *Esto le dice el Señor a Ciro, su ungido, cuya mano derecha llenará de poder. Ante él, los reyes poderosos quedarán paralizados de miedo; se abrirán las puertas de sus fortalezas y nunca volverán a cerrarse. Esto dice el Señor: "Iré delante de ti, Ciro, y allanaré los montes; echaré abajo las puertas de bronce y cortaré las barras de hierro."* [1]

Richard se me acercó en la recepción de una boda y dijo: "Pastor Rob, recientemente tuve una resonancia y mi médico dijo que muestra una mancha amenazadora y oscura en mi pulmón izquierdo. Quiere verme de inmediato para hacer más pruebas". Después de obtener su permiso, para comprobar si había una puerta impía sobre su pulmón, puse mi mano sobre el lado izquierdo de su pecho y discerní una.

Las puertas son entradas dentro de los lugares celestiales, mientras que los portales son, entradas a los lugares celestiales. [2][3] A lo largo de la Biblia los portales son mencionados como lugares donde ocurrió la actividad sobrenatural:

- En los días de Deborah la guerra estalló en las puertas después de que Israel decidió seguir a nuevos dioses.[4]
- Cuando Jesús milagrosamente levantó de entre los muertos al hijo de una viuda, estaba en la puerta de la ciudad de Nain.[5]
- Con las murallas de Jericó en ruinas, Josué invocó una maldición que cualquiera que reconstruya sus puertas en el futuro perdería a su hijo menor.[6]

En tiempos antiguos, el portal era el comando central de la ciudad, el centro de la actividad gubernamental, espiritual y económica.[7] La puerta era también la sección más fortificada de una ciudad. Cada agresor militar en tiempos bíblicos sabía que la clave para conquistar una ciudad era tomar el portal.[8] He aprendido de mi amigo y estimado colega, Paul Cox, que abrir y cerrar puertas y portales guiados por el Espíritu Santo libera la Gloria de Dios,[9] trayendo sanidad para aquellos que sufren de condiciones físicas y espirituales.

En su artículo *Exploring the Gates (Explorando los Portales)*,[10] Barbara Parker hace notar que hay portales minúsculos en las células de nuestros cuerpos que se definen como moléculas, que actúan en respuesta a un estímulo que permite o que bloquea el paso a través de nuestras membranas celulares. Aunque estas aberturas microscópicas no se pueden ver a simple vista, todas las mamás saben que existen porque lavan y vendan los rasguños y magulladuras de sus hijos con el conocimiento de que alguna infección bacteriana puede resultar si no lo hacen.

Los portales y puertas espirituales en el cuerpo de una persona pueden ser detectados a través del don del discernimiento. Los videntes también los han identificado. Según Isaías 45:1-2 y Salmos 24:7-9, el Rey de gloria entrará por los portales si las puertas han sido abiertas.

Entonces, ¿cómo le fue a Richard? Después de discernir una puerta impía sobre su pulmón, le pedí al Señor que la cerrara para que el portal detrás permaneciera abierto, para que Su gloria sanadora fluyera a través de ella y sanara su pulmón. Dos días más tarde, Richard volvió al médico para someterse a nuevas pruebas y para sorpresa de su médico, el punto en su pulmón había desaparecido. Junto con muchos otros, Richard es una prueba andante de que el Rey de gloria sana de muchas maneras.

[1] Isaías 45:1-2 NTV

[2] Génesis 28:10-17 NTV, Apocalipsis 4:1

³ Para más información favor de leer: *Explorando los Lugares Celestiales Volumen 3: Los Portales, las Puertas y la Red*

⁴ Jueces 5:8 NTV

⁵ Lucas 7:11-15 NTV

⁶ Josué 6:26; 1 Reyes 16:34 NTV

⁷ Génesis 19:1; Deuteronomio 21:18-21; Rut 4:1-4; Génesis 22:17; Mateo 16:18. NTV

⁸ Deuteronomio 3:5 NTV

⁹ Salmos 24:6-8 NTV

¹⁰ http://aslansplace.com/language/en/exploring-the-gates-barbara-parker-3/

18

CAPÍTULO DIECIOCHO

¡El Dolor se Fue! *(Categoría 13)*

Pero Samuel respondió: — ¿Qué es lo que más le agrada al Señor: tus ofrendas quemadas y sacrificios, o que obedezcas a su voz? [1]

Hablándoles a otros pastores hoy, es obvio que Dios está sanando a los enfermos de muchas maneras. Muchos de estos irrumpimientos han ocurrido dentro de las cuatro paredes de la iglesia, pero el Señor está sanando a los enfermos en los lugares de trabajo también. Colin, un vendedor de mariscos en nuestra congregación, compartió que sintió convicción de parte del Espíritu Santo, porque no oró inmediatamente por la espalda de su jefe después de que él le mencionara de una lesión grave sufrida la noche anterior. Al sentir este sentimiento de convicción, le pidió al Señor que le diera otra oportunidad. Cuando el jefe se estaba agarrando la espalda por el dolor más tarde ese mismo día, sin dudarlo Colin puso su mano sobre su espalda y dijo: "¡Sé sano!" Momentos más tarde, el jefe se detuvo y exclamó: "¡El dolor se fue!" Sus ojos estaban rebosantes de emoción, declaró más alto, "¡El dolor realmente se fue!" Inmediatamente, se dirigió al gerente de la planta y le dijo. "Colin me sanó. ¡Mi dolor se fue! Colin se interpuso, "Yo no te sané. Fue el Señor."

Este milagro en el lugar de trabajo ha abierto la puerta para que Colin hable con su jefe acerca de Jesús. Aunque todavía no ha recibido a Cristo, ha sido receptivo a la oración, el consejo de Dios, ha permitido a los creyentes celebrar reuniones regulares de oración en el lugar de trabajo. En un panorama más amplio, este milagro ha fortalecido enormemente la fe de Colin, porque tuvo la revelación de que lo único que Jesús quiere que haga cuando se le presenta la oportunidad de orar por alguien es dar un paso de fe en simple obediencia.

Mike, que es jefe de construcción, reportó que cuando su jefe se quejó de una migraña muy fuerte se ofreció a orar diciendo: "Déjame orar por ti, algo que acabo de aprender en la iglesia." Su jefe se sorprendió del ofrecimiento de Mike, pero de todas maneras dijo que sí. Mike oró y después el jefe le dijo, "Todavía tengo el dolor de cabeza." Sin inmutarse, Mike dijo, "Déjame orar una vez más." Otra vez su jefe dijo, "Todavía tengo el dolor de cabeza" y se fue; pero minutos más tarde regresó y dijo, "¡Mike, mi dolor de cabeza se ha ido!" Mike respondió de forma casual: "Te lo dije, Jesús sana." Debido a estos milagros, tanto Mike como Colin han ganado favor con sus jefes y no sólo han seguido orando por ellos, sino que también han podido hablar en sus vidas.

---

[1] 1 Samuel 15:22 NTV

19

CAPÍTULO DIECINUEVE

El Correo de las Maravillas *(Categoría 14)*

Además, Dios confirmó el mensaje mediante señales, maravillas, diversos milagros y dones del Espíritu Santo según su voluntad.[1]

La Biblia enseña que los cinco ministerios han sido dados a la Iglesia para preparar al pueblo de Dios para las obras del servicio.[2] Tristemente, el pueblo de Dios ha sido enseñado que tales obras deben ser realizadas principalmente dentro de las cuatro paredes de la iglesia, pero ese no es el caso.

Donna, una trabajadora de la compañía de correos de los Estados Unidos, miembro fiel de nuestra familia de la iglesia, contó un milagro asombroso que traspasó las paredes de la iglesia. Donna es un ejemplo de alguien que entiende que las obras de servicio son para dentro y fuera de la iglesia, dentro para el creyente y fuera para el pre-creyente. La congregación de Donna es la gente en su ruta de entrega del correo, y su ministerio, orar por las necesidades de todos ellos.

Mientras entregaba el correo en una residencia, una mujer salió de su casa para decirle a Donna que una prueba médica había revelado recientemente que sus arterias estaban obstruidas al 95%. Donna oró una sencilla oración para que el Señor limpiara sus arterias y se fue. Dos semanas más tarde, la mujer le dio a Donna increíbles noticias, para sorpresa de su médico, otra prueba demostró que el bloqueo de sus arterias ¡había desaparecido por completo!

Durante otra entrega de correo, Donna se ofreció a orar por una mujer ya mayor. Muy agradecida por el ofrecimiento de Donna, ella le explicó que le había pedido repetidamente al Señor que enviara a alguien a orar por ella. Donna le preguntó cuál era su necesidad y al igual que la otra mujer, pidió oración por las arterias bloqueadas. Donna movida a hacerlo, oro de nuevo, y una vez más, Dios 'entregó el correo' ¡limpiando completamente sus arterias!

[1] Hebreos 2:4 NTV

[2] Efesios 4:11-13 NTV

20

CAPÍTULO VEINTE

Aneurisma Cerebral Masivo, Sanado (Categoría 15)

Pueblo de Israel, ¡escuchen! Dios públicamente endosó a Jesús el Nazareno haciendo milagros poderosos, maravillas y señales a través de él, como ustedes bien saben.[1]

En 1997, Colleen sufrió la ruptura de un aneurisma cerebral masivo en su hogar. Un grupo de nosotros se juntó alrededor de su esposo, Glenn, en la sala de espera de emergencias del hospital, para ofrecerle nuestro apoyo.

Después de aproximadamente una hora, el médico de Colleen se detuvo para informarle a Glenn que su condición era grave y que debía prepararse para lo peor.

Cuando a Glenn y a mí se nos permitió ver a Colleen, su rostro estaba hinchado, negro y azul, como si hubiera estado en una pelea. Glenn se paró a su lado y le tomó la mano. Fue un momento difícil.

Abrumado por la gravedad de la condición de Colleen, le puse las manos sobre los hombros y le pedí al Espíritu Santo que viniera; pero para ser honesto, fue con muy poca fe. Para mi sorpresa, en cuestión de segundos, sentí un flujo fresco y templado de aire- como niebla- una cascada vino desde la parte superior de mi cabeza, pasando por mi hombro y a través de mi mano, dentro del cuerpo de Colleen.

Caminando juntos hacia el estacionamiento del hospital dije, "No te preocupes, Glenn, creo que Dios hizo algo. Colleen va a estar bien."

Colleen regresó a casa dos semanas más tarde, está viva y bien hasta el día de hoy. ¡Nada es imposible para Dios!

EXPLORANDO LOS LUGARES CELESTIALES

[1] Hechos 2:22 NTV

21

CAPÍTULO VEINTIUNO

Asma, Sanado (Categoría 16)

> *También se congregaron multitudes de los pueblos de Jerusalén, trayendo enfermos y atormentados por espíritus impuros, y todos fueron sanados.*[1]

En el 2004, mi hijo, Jordan, y yo fuimos en una misión, de viaje a Irlanda. Cuando llegamos a las instalaciones de la iglesia, una mujer me informó que su hija adulta estaba viajando desde Irlanda del Norte porque quería ser sanada del asma.

La masonería y varios factores ambientales pueden causar asma, pero la causa más frecuente de esta enfermedad debilitante parece ser el argumento de los padres. Cuando los padres se pelean delante de sus hijos, le dan al enemigo el derecho legal de afligirlos con el temor a ser abandonados. Cuando esto ocurre, la glándula del hipotálamo de un niño segrega una hormona llamada ACTH, que entra en su torrente sanguíneo y ataca a sus alvéolos, produciendo endurecimiento de las paredes celulares.[2]

Más tarde en la semana, me reuní con la hija y le pregunté si sus padres habían discutido delante de ella, cuando era niña. "Sí, mis padres discutían mucho. Recuerdo un caso en particular, cuando estaban tan enfadados uno con el otro que mis hermanos y yo nos acurrucamos juntos en nuestra habitación temblando de miedo." Luego, ella perdonó a sus padres por pelear y exponerla al espíritu de miedo; y yo reprendí el miedo al abandono que había tomado residencia en sus pulmones, y le pedí al Señor que la sanara. Después de regresar a mi casa en Hawái, pregunté acerca de su estado y me enteré de que ¡estaba respirando mucho mejor!

Un hombre de unos treinta años, durante el otoño del 2015, llegó tarde a una clase de discernimiento. Compartió que se había retrasado porque tuvo que irse a casa y recoger su inhalador, porque había experimentado un ataque grave de asma esa mañana.

Media hora antes de que él llegara, yo había comenzado a enseñar sobre las causas del asma y otras afecciones pulmonares relacionadas. Mientras resumía estos puntos, él entró en la habitación justo a tiempo para escuchar la pregunta: "¿Alguno de ustedes tiene asma u otros problemas relacionados con los pulmones?" Junto con otras cinco personas, el levantó su mano.

Retrocediendo un poco; el día anterior mi esposa y yo habíamos regresado de una conferencia donde habíamos llevado a cabo dos talleres consecutivos. Exhausto, fui a nuestra sala de estar para sumergirme en la presencia del Señor. Tumbado en el suelo, fui envuelto en el horno ardiente del Señor.[3] Durante este encuentro divino, que duró dos horas, el Señor me dijo que iba a liberar una unción más grande sobre Su pueblo para sanar a los enfermos y liberar a los endemoniados.

Ahora, con mi encuentro sobrenatural fresco en mente, les pedí a los de la clase que se pusieran de pie y recibieran una nueva impartición para sanar a los enfermos y liberar a los endemoniados, para que pudieran ministrar a las personas que tenían problemas respiratorios.

En tan solo unos momentos, la gente comenzó a experimentar la presencia tangible de Dios. Algunos lloraron, otros rieron, otros gimieron y otros cayeron al suelo. Cuatro personas que acababan de recibir la impartición rodearon al hombre que había llegado tarde y comenzaron a orar para que sus pulmones fueran sanados. Se desplomó en el suelo sobre sus manos y rodillas y tosió durante quince minutos mientras el Espíritu Santo lo liberaba del miedo y la inseguridad.

Después, le pregunté si sus padres habían discutido cuando él era niño. ¡Su respuesta fue impactante! Sus padres no sólo habían discutido, sino que también habían peleado físicamente hasta el punto en que su mamá le había lanzado un cuchillo a su padre.

Afortunadamente, debido a que su padre sabía defensa personal, fue capaz de quitarle el cuchillo a la madre. Más tarde, sus padres se divorciaron. Cuando este hombre compartió este recuerdo, la luz vino a él y pudo rastrear sus frecuentes ataques de asma a ese período tormentoso en el matrimonio de sus padres.

Ser sanado del asma requiere que un individuo perdone a sus padres por crear un ambiente de ansiedad, miedo e inseguridad en su hogar durante su crecimiento; y ordenarle a las entidades espirituales que infiltraron sus pulmones durante ese tiempo que se vayan en el nombre de Jesús. Este hombre experimentó un avance esa tarde porque estaba dispuesto a perdonar a sus padres por su inestable matrimonio y por exponerlo a él, al miedo y a la inseguridad. Hoy está libre del asma.

[1] Hechos 5:16 NTV

[2] Henry Wright, *A More Excellent Way (Thomaston, Georgia: Pleasant Valley Publications, 2005),* 192

[3] Éxodo 19:18, Proverbios 17:3; Malaquías 4:1

22

CAPÍTULO VEINTIDÓS

Los Oídos Son Abiertos *(Categoría 17)*

> *Jesús lo llevó aparte de la multitud para poder estar a solas con él. Metió sus dedos en los oídos del hombre. Después escupió sobre sus propios dedos y tocó la lengua del hombre. Mirando al cielo, suspiró y dijo: "Efatá", que significa "¡Ábranse!" Al instante el hombre pudo oír perfectamente bien y se le desató la lengua, de modo que hablaba con total claridad.*[1]

Mientras estábamos en el mismo viaje misionero de Irlanda, una mujer pidió oración por la sordera en su oído derecho. Cuando era una niña, había estado parada en un estacionamiento cuando el caño de escape de una motocicleta apareció muy cerca. Su oído derecho palpitó fuertemente del dolor, sus padres la llevaron al hospital más cercano donde un médico le diagnosticó que su tímpano estaba perforado. Luego, les dio a sus padres la mala noticia de que su hija no sería capaz de escuchar por medio de su oído derecho por el resto de su vida. Con esta historia fresca en mente, puse mi dedo índice en su oreja y le pedí al Señor que lo abriera. Para su asombro y el mío, su oído se abrió. ¡Es una emoción ver cómo reaccionan las personas cuando Jesús sana!

En otra ocasión, tres mujeres de nuestro equipo de oración rodearon a un hombre que se acercó para recibir oración por uno de sus oídos en el que tenía una pérdida auditiva del 75%. Nada inmediato ocurrió esa mañana, pero unos días después el hombre sintió y oyó repetidos estallidos en su oído y se dio cuenta de que Dios había restaurado completamente su oído. ¡Jesús es el mismo hoy, ayer y por siempre!

[1] Marcos 7:31-35 NTV

23

CAPÍTULO VEINTITRÉS

Dios Ama a Los Hindúes (Categoría 18)

Pues Dios amó tanto al mundo que dio a su único Hijo, para que todo el que crea en él no se pierda, sino que tenga vida eterna. Dios no envió a su Hijo al mundo para condenar al mundo, sino para salvarlo por medio de él.[1]

Una vieja vecina, una señora hindú, llegó a mi puerta con sus dos hijos adultos para saludarnos. De vacaciones en Oahu, ella quería pasar por el viejo barrio y visitar amigos. Mientras estábamos poniendo al día sobre los viejos tiempos, empecé a sentir presión en mi ojo izquierdo. Le pregunté si tenía algún problema físico en esa parte de su cuerpo y me contestó que tenía conjuntivitis. Le pregunté si podía orar por ella y ella accedió. Fue sólo una rápida oración de 20 segundos y continuamos nuestra conversación. Ella me envió un mensaje por Facebook una semana después diciendo que había despertado al día siguiente y se dio cuenta de que la conjuntivitis había desaparecido. Le envié un mensaje de regreso, diciéndole si alguna vez quería saber por qué Dios la había sanado, que estaría encantado de contarle sobre eso. Aunque mi amiga ha permanecido en contacto conmigo, ella no ha respondido a mi ofrecimiento todavía.

---

[1] Juan 3:16-17 NTV

CAPÍTULO VEINTICUATRO

Milagros Sobre Las Migrañas (Categoría 19)

Lo mismo sucede con mi palabra. La envío y siempre produce fruto; logrará todo lo que yo quiero, y prosperará en todos los lugares donde yo la envíe.[1]

TC, es una mujer de nuestra congregación, que compartió la siguiente historia acerca de una enfermera por la que oró, en el centro de atención a largo plazo de su madre.

> Acabo de orar por Jackie, la enfermera favorita de mi madre en el centro de atención, después de que mi mamá me contó que ella había estado sufriendo de constantes migrañas durante las últimas semanas. Aunque estaba con un dolor severo, Jackie no tuvo más remedio que seguir trabajando, así que le pregunté si podía orar por ella, explicándole que Jesús ama sanar a la gente. Ella estuvo de acuerdo, así que le ordené al espíritu de la migraña se fuera y que el dolor fuera a los pies de Jesús.
>
> "¿Cómo se siente? ¿El dolor mejoró?", le pregunté. "Está bien," gritó mientras empezaba a correr por el pasillo. "Lo siento, la persona que me lleva me está esperando; necesito irme; gracias."
>
> ¿Por qué sentí que estaba huyendo de mí? "Ok papá, me pediste que fuera obediente, así que voy a seguir tratando de hacer lo que siento que me estás llevando a hacer, sin importar el resultado."

Vi a Jackie tres semanas después y le pregunté cómo estaba. Ella respondió: "Quería decírtelo, pero no he tenido la oportunidad de hablar contigo. Desde que oraste por mí, ¡no he tenido una sola migraña!"

Michelle comenzó a visitar nuestra iglesia regularmente. Cuando llegué a conocerla, ella compartió que había estado sufriendo de migrañas[2] debilitantes por más de diecinueve años. Conversando con Michelle, discerní la fortaleza de Moloch como una sensación dolorosa en mi rodilla izquierda,[3] indicando que ella había tenido antepasados en su línea generacional que eran adoradores de Baal. Según Jeremías 32:35, Baal y Moloc estaban entrelazados, pero no eran la misma deidad, y Moloc era el dios del fuego del pueblo cananeo.[4] Los adoradores sacrificaron a sus hijos en los fuegos de Moloc, creyendo que a cambio, Moloc los bendeciría con una buena cosecha, la protección de sus enemigos, etc.[5] El sacrificio de niños a cambio del favor divino se convirtió en una práctica común a lo largo de la historia de Israel. Moisés le advirtió a los israelitas que, si ellos adoraban a otros dioses, consecuencias graves los afectarían a ellos y a las futuras generaciones[6] (es decir, enfermedades crónicas, enfermedades mentales, falta financiera, alienación familiar, muerte prematura, etc.).

Basado en una conversación anterior. Yo sabía que Michelle era judía sefardita, judía de ascendencia española o portuguesa.[7] Debido a esto, le expliqué que era probable que el culto a Baal - Moloc fuera un problema generacional y le recomendé que se arrepintiera y renunciara a esta fortaleza orando una oración que ayudé a ser co-autor con Paul Cox titulada la *Oración de Restitución*.[8]

Poco después, Michelle me envió un correo electrónico diciendo: "Tengo que decirte que no he tenido ¡ninguna migraña! Incluso hoy, después de ir por una caminata corta pero ardua; que siempre me causaba migraña ¡No he tenido nada! Desde el domingo, he sentido algo que es casi como un tirón de la parte superior de mi cabeza, y un dolor mínimo de cabeza, casi como olas pero no constantes. Nunca he experimentado algo como esto antes. ¡Gracias otra vez por decirme sobre la oración!"

¹ Isaías 55:11 NTV

² Los dolores de cabeza o migrañas se describen generalmente como un dolor intenso, palpitante o de golpeteo en la sien. A veces el dolor se localiza en la frente, alrededor del ojo o en la parte posterior de la cabeza. Náuseas, vómitos, diarrea, palidez, manos frías, pies fríos y sensibilidad a la luz y al sonido acompañan comúnmente esta condición debilitante. http://www.WebMd.com/ "¿Cuáles son los síntomas de la migraña?"

³ 1 Reyes 19:18 NTV

⁴ Levíticos 18:21; Levíticos 20:2-5; 1 de Reyes 11:7; 2 de Reyes 23:10

⁵ Paul Cox y Rob Gross, *Exploring the Heavenly Places* Volumen 2 (Hesperia, California: 2014), 45.

⁶ Deuteronomio 28:15-68

⁷ https://es.wikipedia.org/wiki/Sefard%C3%AD

⁸ http://aslansplace.com/language/en/prayer-of-restitution/

25

CAPÍTULO VEINTICINCO

¡Dios Sana a Través de Nosotros – A Pesar de Nosotros! *(Categoría 20)*

Cada vez que él dijo: "Mi gracia es todo lo que necesitas; mi poder actúa mejor en la debilidad. Así que ahora me alegra jactarme de mis debilidades, para que el poder de Cristo pueda actuar a través de mí." [1]

Una de las tácticas más engañosas del enemigo es divulgar sus mentiras en primera persona al pueblo de Dios. En lugar de decir, "apestas", él susurra "apesto". El diablo emplea esta estrategia insidiosa no sólo para desalentarnos a cruzar la línea del miedo, sino también para ahogarnos en un mar de religiosidad muerta. Por favor, reciba esto en su espíritu: Dios puede sanar y liberar a la gente a través de usted, incluso cuando no está teniendo un día espectacular. Si usted recuerda, TC oró por la enfermera de su madre para que fuera sana de las migrañas, con un resultado milagroso. Lo que sigue es otro relato de cómo Dios se movió a través de TC para sanar a alguien a pesar de que ella estaba teniendo un mal día:

> El domingo, el segundo día de la conferencia, vi a Lynne entrar en la habitación con muletas. Se había lesionado la rodilla el mes anterior en un accidente muy raro, causando la separación de la articulación, resultando en un dolor extremo. Oré por ella y de inmediato pudo mover su pierna hacia atrás y hacia adelante sin ningún dolor, y se paró derecha, sin que su rodilla se fuera para atrás.

El lunes, Lynne mostró las sandalias que finalmente podía usar porque ya no necesitaba las muletas, incluso ¡caminó por el centro comercial cuatro veces!

Cuando Dios sana, la noticia de sus hazañas se extiende rápidamente, [2] y al día siguiente la compañera de trabajo de Lynne, Tanya, me pidió que orara por su mano porque había escuchado lo que Dios había hecho. Tanya había sufrido temblores dolorosos desde su nacimiento. No pude orar por ella en ese momento, pero prometí hacerlo al día siguiente.

Cuando llegó el martes, estaba luchando; estaba cansada y no me sentía como la mujer de Proverbios que la Biblia dice que soy, así que me recordé a mí misma que todo lo que tenía que hacer era plantar la semilla.

Cuando por fin tuve la oportunidad de orar por Tanya, me sorprendí al ver cuánto le temblaba la mano. Invité la presencia de Dios y Él inmediatamente apareció. Mientras oraba, Tanya sintió calor en su antebrazo y dijo que el dolor en su brazo se había ido. Con sus manos en las mías, el temblor comenzó a disminuir dramáticamente. Terminé de orar por ella, y juntas le dimos las gracias al Señor y lo alabé por lo que había comenzado a hacer y que pronto completaría.

Abrumada y a punto de las lágrimas, Tanya compartió que no había sentido semejante paz en mucho tiempo. Gracias a Dios que Dios me ayudó a superar mis defectos ese día, y gracias a Dios no necesitamos tenerlo todo para que Él trabaje a través de nosotros.

Cuando nos sentimos descalificados:

Recuerden, queridos hermanos y hermanas, que pocos de ustedes eran sabios a los ojos del mundo o poderosos o ricos cuando Dios los llamó. En cambio, Dios escogió cosas que el mundo considera insensatas para avergonzar a aquellos que piensan que son sabios. Y escogió cosas impotentes para avergonzar a los poderosos. [3]

La historia de TC es un buen recordatorio de que no tenemos que tenerlo todo para que Dios trabaje a través de nosotros en favor de los demás. Sentirse bien, fuerte o adecuado no son prerrequisitos para que podamos ser calificados como vasijas a través de las cuales el Señor se mueve. Lo único que se requiere es un corazón dispuesto.

[1] 2 Corintios 12:9 NTV

[2] Mateo 4:24 NTV

[3] 1 Corintios 1:26-27 NTV

26

CAPÍTULO VEINTISÉIS

Una Pareja Budista se Vuelve a Jesús (Categoría 21)

Y la mano del Señor estaba con ellos, y un gran número de creyentes se volvieron al Señor.[1]

Una tarde a mitad de la semana, un grupo de intercesores se reunieron en la oficina de nuestra iglesia para orar. Llegaron con un propósito en mente: pedirle a Dios que se revelara a sus amigos y seres queridos. Entre los presentes estaba mi hijo, Brandon, y su prometida, Michelle. A medida que la noche se desarrollaba, el Espíritu de Dios cayó sobre Brandon y Michelle y comenzaron a llorar ante el Señor en nombre de los padres de Michelle, Mike y Susan. Varias semanas más tarde, el Señor respondió a sus oraciones mientras los padres de Michelle entregaban sus vidas a Jesús.

Esto puede no parecer fuera de lo común, pero los budistas rara vez se vuelven a Jesús en Hawái. Estas son personas maravillosas que honran fielmente a sus antepasados fallecidos en los templos locales y queman incienso en los altares de sus hogares. Típicamente, cuando se les presenta el Evangelio, no están abiertos, porque el enemigo les ha cegado de ver su necesidad de Cristo. Además, ven el cristianismo estrictamente como una religión occidental. Cualquiera que sea la razón, los budistas a menudo no aceptan a Jesús. Esta es la razón por la cual la oración sincera y firme por ellos es vital.

Hoy, Mike y Susan están entre los miembros más fieles de nuestra familia de la iglesia. Sirven en nuestro equipo de oración y Mike supervisa nuestro ministerio de preparación del domingo. La oración no hace la diferencia; ¡es la diferencia!

[1] Hechos 11:21 NTV

27

CAPÍTULO VEINTISIETE

Los Niños No Tienen un Espíritu Santo de Niño
(Categoría 22)

> *Cuando Jesús vio lo que sucedía, se enojó con sus discípulos y les dijo: "Dejen que los niños vengan a mí. ¡No los detengan! Pues el reino de Dios pertenece a los que son como estos niños.*[1]

Era un día soleado en la cuesta del conejito en la estación de esquí de Park City. Era 1978, mi primera experiencia esquiando, y yo estaba aterrorizado de caerme, ¡pero estaba decidido a ir!

Al igual que la mayoría de los novatos, me caí una y otra vez, hasta que poco a poco logré ir hacia adelante y hacia atrás, empleando la técnica quitanieves. Estancado en la pendiente del conejito, estaba sorprendido y avergonzado de cómo niños pequeños de dos a cuatro años de edad podían hacerlo, dejándome con la pregunta de cómo podían aprender tan rápido. Mientras seguía viendo a estos futuros atletas olímpicos navegar fácilmente ladera abajo, ahí me di cuenta. La razón por la que eran capaces de dominar los elementos básicos tan rápidamente. era porque no tenían ningún miedo de caerse.

Cada tercer domingo, nuestra iglesia invita a nuestros niños de diez años a orar por los enfermos. A través de los años, el Señor nos ha mostrado que Sus preciosos pequeños no tienen un Espíritu Santo de niño. Como los niños pequeños que lo hicieron con esquíes, los de diez años oran por los enfermos con una confianza de niños. Un domingo en el año 2015, una niña oró por una mujer en nuestra iglesia que se quejaba de un hombro congelado. Si alguna vez ha tenido una dolencia en el hombro de cualquier tipo, usted entiende sobre estos desafíos, incluyendo la dificultad para dormir por la noche, un rango limitado de movimiento y sentirse de mal humor 24/7 porque sus músculos y tendones se sienten constantemente inflamados; bueno, ¡usted puede relacionarse con esta mujer!

La niña hizo una breve oración y para el asombro de la mujer, el dolor del hombro desapareció; y hasta hoy se ha ido. Una semana más tarde, entrevisté a la niña durante el servicio y le pregunté ¿por qué cosa oró? Inocentemente, respondió, "No lo recuerdo."

Atravesando el poder del reino requiere una simple fe como de niño. Nosotros los adultos tenemos que entender todo antes de que lo hagamos, pero los niños solo lo hacen porque no saben que no pueden.

[1] Marcos 10:14 NTV

28

CAPÍTULO VEINTIOCHO

La Bota del Bombero *(Categoría 23)*

Cuando llegaron al lugar indicado por Dios, Abraham construyó un altar y colocó la leña encima. Luego ató a su hijo Isaac, y lo puso sobre el altar, encima de la leña. Y Abraham tomó el cuchillo para matar a su hijo en sacrificio. En ese momento, el ángel del Señor lo llamó desde el cielo: —¡Abraham! ¡Abraham! —Sí —respondió Abraham—, ¡aquí estoy! —¡No pongas tu mano sobre el muchacho! —dijo el ángel—. No le hagas ningún daño, porque ahora sé que de verdad temes a Dios. No me has negado ni siquiera a tu hijo, tu único hijo. Entonces Abraham levantó los ojos y vio un carnero que estaba enredado por los cuernos en un matorral. Así que tomó el carnero y lo sacrificó como ofrenda quemada en lugar de su hijo. Abraham llamó a aquel lugar Yahveh-jireh (que significa "el Señor proveerá"). Hasta el día de hoy, la gente todavía usa ese nombre como proverbio: "En el monte del Señor será provisto." [1]

Era una tarde de verano normal, cuando entré a la cocina para comer un bocadillo nocturno. Pasando por el living, sentí una fuerte sensación en la parte superior de mi pantorrilla izquierda. Hambriento, ignoré la sensación y me dirigí al refrigerador. Después de devorarme mi bocadillo, caminé de regreso pasando por el living hacia mi dormitorio y sentí la misma sensación. Habiendo aprendido a través de los años a prestar cuidadosa atención a lo que el Señor me está diciendo a través del discernimiento físico, ahora simplemente le pregunto: "Señor, ¿qué estás diciendo?" Así que me senté en mi living y esperé en el Señor. Un pensamiento extraño vino luego, "Es un ángel de provisión." No pensé que oía correctamente así que fui a mi esposa y le pedí que buscara al Señor, sin compartirle primero lo que pensé que había oído. Hizo una pausa y dijo: -He oído la palabra "finanza". ¡En este punto, el Señor tenía toda mi atención!

Al día siguiente teníamos programado pasar un rato con dos de nuestros pastores asociados, Joel y Michelle Weaver. Les expliqué a los Weaver que el Señor nos había compartido algo nuevo la noche anterior y que estábamos buscando confirmación. Le pregunté a Michelle, que es una dotada vidente, si le pediría al Señor que le confirmara visualmente lo que Él nos había dicho. Michelle cerró los ojos y dijo: "Esto es una locura; estoy segura de que esto no es acertado. Veo una bota que sube a la parte superior de la pantorrilla de una persona y está llena de dinero." Aturdido, le dije, "¡No puede ser! ¡Eso es lo que Dios nos mostró también!" y con gran entusiasmo compartí lo que el Señor nos había dicho la noche anterior. Estábamos todos asombrados. Curiosamente, ¡los bomberos recaudan dinero en una bota de un bombero vacía para causas benéficas! [2]

Durante los tres meses siguientes, varios individuos nos bendijeron a mi esposa y a mí con más de US$ 15,000. Una persona nos dio US$ 10.000 para que pudiéramos tomar unas vacaciones familiares muy necesarias. En Mateo 6:33 promete, que si buscamos a Dios y su justicia todas las cosas nos serán añadidas, mientras que Filipenses 4:18 nos dice que Dios proveerá todas nuestras necesidades de acuerdo a las riquezas de su gloria en Cristo Jesús. Más tarde ese año, Barb y yo llevamos a nuestros tres hijos a Disneylandia y tuvimos un tiempo maravilloso juntos, debido a la provisión misericordiosa del Señor. Ahora, cada vez que un ángel de provisión aparece, sé que Dios está a punto de bendecirnos o a alguien más, financieramente.

Varios años después me senté del otro lado de la mesa, en una fiesta de graduación, frente a otros dos pastores. Explicaron que su iglesia había caído en épocas muy difíciles y que no habían recibido su cheque ¡en seis meses! Mientras compartían su difícil situación, sentí que el ángel de provisión se manifestaba. Deborah, una intercesora profética, estaba también en la fiesta; así que sin explicar lo que estaba sintiendo, le pedí que cerrara los ojos para comprobar si podía ver algo. Para mi asombro, dijo "Veo dos manos, ambas llenas de dinero."

Lleno de anticipación, les expliqué a los pastores cómo el Señor nos había provisto a mi esposa y a mí años atrás, y les compartí que el mismo ángel que nos había provisto a nosotros estaba presente. Me ofrecí a orar por ellos y accedieron. La semana siguiente mi ayudante administrativa recibió una llamada telefónica de la esposa de uno de los hombres. Emocionada, dijo que ella y su esposo acababan de recibir un cheque considerable en el correo, junto con dos pasajes aéreos de ida y vuelta para poder asistir a una conferencia de pastores en el continente.

Uno de los muchos nombres de Dios es Jehová Jireh. Este nombre hebreo para Dios significa literalmente "Dios es provisión" o "el Dios que ve." Dios ve nuestra necesidad antes de pedirle ayuda y provee. Él es la provisión.

---

[1] Génesis 22:9-14 NTV

[2] http://Bakersfield.com/ "Why firefighters boot-filling isn't panhandling" (¿Por qué llenar la bota vacía de los bomberos, no es mendigar?)

[3] http://en.Bible.org/ "The Compound Names of Jehovah: Jireh, Rapha, Nissi" ("Los Nombres Compuestos de Jehová: Jireh, Rapha, Nissi")

29

CAPÍTULO VEINTINUEVE

Un Milagro sobre Maui (Categoría 24)

Los que creyeron lo que Pedro dijo fueron bautizados y sumados a la iglesia en ese mismo día, como tres mil en total.[1]

Me desempeñé como capellán de los equipos de baseball de Castle High School, Junior Varsity y Varsity, durante seis años, con una doble motivación: primero, quería bendecir a mi comunidad y segundo, quería ver a mi hijo, Brandon, quien estaba en el equipo. Durante mi mandato como capellán del equipo tuve múltiples oportunidades para forjar amistades con los jugadores y sus padres, orar por sus necesidades y compartir el evangelio. En abril del 2006, el Señor abrió el corazón del entrenador jefe y recibió a Cristo en la oficina de nuestra iglesia. Habíamos abierto nuestras instalaciones al equipo como lugar para que los chicos hicieran sus deberes por la noche y obtuvieran tutoría en matemáticas. Todo parecía ir bien ese año hasta que uno de los jugadores estrella se metió en un desacuerdo acalorado con el entrenador en jefe a principios de mayo, justo antes de las eliminatorias de la división. Afortunadamente, Dios se movió y el entrenador y su jugador estrella repararon las cosas. Sin embargo, en lo que se refiere a la temporada, no parecía que pudiéramos avanzar en las eliminatorias de la liga porque necesitábamos ganar un partido contra un oponente que nos había ganado 22-6 en la pretemporada.

El día antes a este juego crucial, algo extraño ocurrió. Grandes ronchas estallaron por todo el cuerpo de mi hijo. El entrenador principal estaba muy preocupado y sugirió que mi hijo no jugara al día siguiente, argumentando que en todos sus días como entrenador nunca había visto algo como esto. En ese momento el Señor me susurró, "No te preocupes por Brandon, Rob." Las ronchas en su cuerpo son una señal en lo físico de lo que estoy a punto de hacer en lo espiritual, un gran irrumpimiento." Pero, me preguntaba, ¿cómo podría explicar eso al entrenador Joe y al entrenador del equipo?

Decidiendo dar un paso en fe y arriesgarme a parecer loco, fui con el entrenador principal y el preparador físico y les compartí lo que el Señor me había dicho. Asombrosamente, esto satisfizo a ambos y decidieron dejar jugar a Brandon.

Al día siguiente, antes del partido, en el campo de nuestros oponentes, les pregunté a los muchachos cuántos de ellos querían ir al torneo estatal en Maui. Sólo un jugador, un jardinero de la segunda cadena llamado Patrick, levantó la mano. "¡Yo quiero ir!", dijo con entusiasmo.

Debido a que los muchachos habían sido muy golpeados por su oponente en la pretemporada, pocos creían que podían ganar el partido y mucho menos calificar para las eliminatorias estatales. No sólo tendrían que ganar este juego, sino uno adicional contra un equipo aún más duro.

Frente a un muro de incredulidad, tomé un profundo respiro y declaré, "Dios me ha demostrado que las ronchas que estallaron por todo el cuerpo de Brandon ayer fueron una señal de que ¡hoy tendrán un juego de victoria y llegarán al torneo estatal! ¿Cuántos de ustedes creen esto?" Uno a uno los muchachos levantaron sus manos. "Bien, Señor", pensé, "Por favor ven o voy a parecer un idiota."

El juego comenzó. Energizados por la fe, los muchachos saltaron a tomar ventaja de 2-0 y luego tomaron una clara ventaja de 5-0 en la sexta y última entrada. En la mitad inferior de esta entrada, el equipo local volvió a hacer un juego 5-4. En este punto, podía sentirse la tensión en el aire. Si perdíamos el partido, estábamos acabados por la temporada. El equipo contrario estaba a punto de batear y su confianza estaba aumentando. Reuní a todos los muchachos en el banco detrás del bunker para orar. Cada jugador se quitó la gorra y se arrodilló. Declaré: "Vamos a Maui. Sólo créanlo." Oramos, y luego volvimos nuestra atención al campo. Miré nerviosamente mientras los bateadores golpeaban tres bolas largas sucesivas en el campo para las tres salidas finales. ¡Juego terminado! Habíamos defendido nuestro irrumpimiento y salimos victoriosos.

Cuando la última pelota fue agarrada, los jugadores estallaron en el campo con gritos de alegría, agitando sus puños en el aire. Nos reunimos en un círculo en el campo derecho con nuestras cabezas inclinadas ante el Señor. Estaba sosteniendo la mano del entrenador jefe y podía sentir su cuerpo entero temblando. Le dije al equipo con un suspiro de alivio, "Les dije, que Dios nos ayudaría a avanzar hoy. "¡Estamos yendo al torneo estatal!"

La próxima semana, mientras nos preparábamos para el último partido que nos catapultaría al torneo estatal, escuché a uno de los lanzadores estrellas -uno de los muchachos más duros del equipo- que se cantaba a sí mismo, "Brandon Gross es una señal. Vamos al torneo estatal, vamos al torneo estatal." Yo estaba asombrado. Los niños creyeron que Dios estaba detrás de ellos.

En el siguiente juego nos enfrentamos a uno de los mejores lanzadores de nuestra liga. No importaba. El nivel de fe de los muchachos era tan alto que no había manera de que perdieran. Y claro, ganaron el juego; colocándolos como la 12ª y última semilla en el torneo estatal. Una semana más tarde, mientras mi esposa y yo caminábamos a través de la terminal interisleña de Hawái para abordar nuestro avión para Maui, el equipo de noticias de KHON TV se acercó y nos preguntó si podían entrevistarnos acerca de la guerra de precios que estaba sucediendo entre varias compañías aéreas locales. Nos sentimos obligados y salimos en las noticias de las 6 pm de esa noche.

A medida que nos alejamos de la reportera y su camarógrafo, le pregunté a Barb, "¿Qué fue eso?" Entonces oí al Señor decir claramente, "Voy a poner al equipo en las noticias."

Fue una hermosa mañana y estábamos a punto de enfrentar a Maui High School en la apertura del torneo estatal, en su campo. Las alineaciones estaban listas y el árbitro estaba a punto de declarar,

"¡Jueguen la pelota!" cuando el entrenador asistente de nuestro equipo se derrumbó boca abajo en el suelo. Nuestra mamá del equipo, una enfermera registrada, corrió a su lado, tomó su pulso y no sintió nada. Había muerto instantáneamente de un ataque al corazón. El entrenador del equipo contrario le dio resucitación cardiopulmonar, pero el entrenador permaneció inmóvil. Los chicos sollozaron en shock e incredulidad porque amaban al entrenador Brent.

Todo el año había animado a estos jóvenes a orar antes de cada juego y a confiar en Dios. Queriendo traer la calma a los muchachos, los reuní alrededor del entrenador Brent para orar. Para nuestra completa conmoción, varios minutos después empezó a respirar de nuevo. ¡Dios había hecho un milagro! Le pregunté a la mamá del equipo si el entrenador en realidad había muerto, y ella respondió, "No tenía pulso. Él estaba muerto."

Después de que una ambulancia llevó al entrenador Brent a un hospital local, los árbitros le preguntaron al entrenador Joe si todavía queríamos jugar - la otra opción era perder el juego - y él sometió la pregunta a los chicos. A pesar de que estaban emocionalmente agotados, su ánimo estaba alto porque el entrenador Brent había vuelto a la vida. Ellos optaron por jugar y le ganaron a Maui 1-0 cuando nuestro lanzador estrella lanzó un no-hitter. Al día siguiente, la primera página de la sección de noticias de deportes de Maui informó de la victoria no-hit, 1-0, y mostró a los muchachos de rodillas en oración por el entrenador Brent. El artículo afirmaba que él había caído colapsado, muerto de un ataque al corazón pero que recobró la conciencia. Fiel a su palabra, Dios había puesto al equipo en las noticias.

Más tarde esa tarde visité al entrenador Brent en el hospital y le pregunté si sabía lo que había sucedido. Él no lo sabía, así que le compartí lo que había pasado y cómo el Señor lo había traído de vuelta a la vida. En cuestión de minutos recibió a Jesús en su corazón como su Señor y Salvador personal.

Esa noche nuestro equipo estaba programado para enfrentarse al número uno en el torneo. En una corazonada, el entrenador Joe decidió iniciar a un estudiante de segundo año que acababa de ser llamado del equipo juvenil como su lanzador titular. Cuando este joven tomó el montículo esa noche en el estadio Maui War Memorial delante de una gran multitud, grité, "¡Pulama, el Señor está contigo!" Él me miró, asintió y procedió a lanzar un 3-0. No lo podía creer. Acabábamos de derrotar al primero 3-0 con un lanzador de segundo año en el montículo.

Después del juego, sentí a los ancianos espirituales en la parte posterior de mi cabeza. Recuerde que los veinticuatro ancianos alrededor del trono de Dios recolectan nuestras oraciones en grandes tazones en los lugares celestiales hasta que están llenos, momento en el cual se inclinan como respuesta a la oración.[2] Durante meses antes del torneo estatal, nuestros intercesores habían orado diariamente por cada jugador en el equipo y los entrenadores para que recibieran a Jesús como su Señor y Salvador. Cuando sentí a los ancianos en la parte de atrás de mi cabeza, escuché al Señor decir: "Los tazones se han inclinado. Trae los niños a mí."

En una gran área cubierta de césped a un lado del estadio, les recordé a los muchachos esa noche lo que el Señor había hecho las dos semanas anteriores y que no podía haber duda de que Él es real. Les pregunté si querían recibir a Jesús en sus corazones y ¡los veinte muchachos levantaron sus manos para recibirlo! Fue un momento surrealista. Finalmente entendí por qué el Señor me había abierto la puerta para ser el capellán del equipo años atrás.

La noche siguiente perdimos en las semifinales con el campeón defensor 5-3, no demasiado malo para un equipo que ni siquiera debía estar en el torneo. Lamentablemente, años más tarde ambos entrenadores murieron de ataques al corazón. En el funeral del entrenador Brent, uno de sus amigos compartió de cómo le gustaba al entrenador asistir a los estudios bíblicos. Yo presidí el funeral del entrenador Joe y compartí la historia anterior. Sé que los veré a los dos en el cielo, y siempre estaré asombrado de los milagros que el Señor hizo durante esas dos semanas en la primavera del 2006.

[1] Hechos 2:42 NTV

[2] Apocalipsis 4:4,10; 5:8; 8:3-5

30

CAPÍTULO TREINTA

No Más Esterilidad *(Categoría 25)*

Así que el Señor esperará a que ustedes acudan a él para mostrarles su amor y su compasión.[1]

Hace catorce años me uní a un grupo de pastores y líderes del mercado en el Blaisedell Center en Honolulu para discutir cómo alcanzar la ciudad. Después de que la reunión concluyó, una de las esposas del pastor pidió oración, explicando que ella y su marido querían tener niños, pero no podían concebir. Sabiendo que ella era china, le pregunté si alguien en su familia adoraba a Kwan Yin. Ella reconoció que su madre lo hizo y que una estatua de la deidad estaba todavía en el hogar de su madre.

Kwan Yin es la más amada de todas las figuras de la diosa oriental y se cree que da libremente simpatía interminable, fertilidad, salud y visión mágica a todos los que le piden. Su deber sagrado es aliviar el sufrimiento y estimular la iluminación entre los humanos. En la mitología oriental, un arco iris llevó a Kwan Yin al cielo en forma humana. Su nombre, que significa "observadora de los sonidos", implica que ella escucha el llanto y las oraciones del mundo. Si usted espera tener hijos o desea invocar la bendición y protección de Kwan Yin sobre los jóvenes en su vida, puede seguir la costumbre oriental y dejar una ofrenda para Kwan Yin de pasteles dulces, incienso de loto, fruta fresca y/o flores.[2]

Le expliqué a la esposa de este pastor que el culto de su madre a Kwan Yin era la posible causa de su incapacidad para concebir. Se arrepintió y renunció a la adoración de Kwan Yin en nombre de su madre y de la línea familiar de su madre. Entonces oré por ella y por su esposo para que pudieran concebir su primer hijo. Hoy tienen dos hermosas hijas; ¡Y Jesús, no Kwan Yin, es su Dios de misericordia!

Años más tarde, otro pastor arregló una cita para mí, para poder orar por un pastor en su equipo personal que tenía cáncer en la nariz. Observando que su asociado era chino, pregunté cómo en la historia anterior si él o cualquier otra persona en su familia adoraban a este ídolo. Al igual que la esposa del pastor, dijo que sí y luego compartió algo sorprendente. Cuando fue a ver a un oncólogo sobre su condición, el médico le dijo que la mayoría de sus pacientes chinos machos tenían cáncer de nariz. Compartí lo que el Señor me había revelado sobre la adoración de Kwan Yin y mencioné que esto podría ser la causa del cáncer. Su pastor principal era escéptico, pero él dijo que lo que le había compartido tenía sentido para él. Con mucho gusto se arrepintió y renunció a este bodhisattva en su línea familiar, y le ordené al cáncer que se fuera. Siete años más tarde me encontré con él y me dijo que estaba ¡completamente libre de cáncer!

La comunidad médica gasta millones de dólares cada año tratando de resolver el enigma del cáncer. Si simplemente reconocieran al Gran Médico y Su habilidad para desbloquear los misterios espirituales detrás de esta terrible enfermedad, verían resultados mucho mayores.

---

[1] Isaías 30:18 NTV

[2] http://www.journeyingtothegoddess.wordpress.com

31

CAPÍTULO TREINTA Y UNO

Irrumpimientos Inesperados (Categoría 26)

Entonces David fue a Baal-perazim y allí derrotó a los filisteos. "¡El Señor lo hizo! —exclamó David—. ¡Él irrumpió en medio de mis enemigos como una violenta inundación!". Así que llamó a ese lugar Baal-perazim (que significa "el Señor que irrumpe").[1]

Un viernes por la tarde en marzo del 2016, yo estaba sentado en mi sala de estar, simplemente pasando un rato con mi hijo mayor Jordan y Stephanie su esposa, cuando sentí una fuerte sensación en mi ojo derecho. En la habitación de al lado, mi madre de 90 años estaba siendo atendida por su enfermera de atención domiciliaria. Curiosamente, le pregunté a la enfermera de mi madre: "¿Tiene usted algo que esté afectando a su ojo derecho?" Ella respondió con una sonrisa en la cara, "¿Por qué me lo pregunta?", yo le respondí: "A veces Dios revela condiciones físicas con las que la gente está luchando... y así yo puedo orar por ellos y ellos pueden ser sanados. Ella se detuvo por un momento y respondió, "Mi visión es borrosa en mi ojo derecho y ahora mismo lo siento irritado y adolorido." Caminamos hacia la sala de estar y me senté frente a ella. Después de pasar algún tiempo conociéndola, enterándome que ella era cristiana y recibiendo permiso para orar por ella, le pedí al Señor que restaurara su visión.

El lunes siguiente me informó que su visión ya no estaba borrosa y que la irritación en su ojo había desaparecido. Añadió que había estado disfrutando del amor del Señor durante todo el fin de semana y había llamado a todos sus amigos para decirles lo que Dios había hecho por ella.

Jesús declaró proféticamente que el pueblo de Dios pondría sus manos sobre los enfermos y ellos serían sanados.[2] También declaró que la familia de Dios no sólo haría las mismas obras que Él estaba haciendo sino también obras mayores.[3] La pregunta que tengo es: "¿Creemos en Jesús y en Su Palabra cuando Él dijo que haríamos obras aún mayores que Él, o creemos en la mentira de que Dios ya no hace milagros?"

Era una tarde de domingo a principios de marzo del 2016, y casi había terminado de enseñar sobre el don del discernimiento, cuando sentí una sensación que me envolvió todo el lado superior de la parte izquierda de mi cabeza. Esta era una sensación familiar y yo sabía que el Señor quería que yo introdujera la revelación de un lugar dentro de los reinos celestiales, llamado la biblioteca.

En lo natural, una biblioteca es una colección de fuentes de información y recursos similares, que se hacen accesibles a una comunidad definida para referencia o para préstamo. Proporciona acceso físico o digital al material, y puede ser un edificio o sala, un espacio virtual, o ambos. La colección de una biblioteca puede incluir libros, periódicos, revistas, manuscritos, películas, mapas, grabados, documentos, micro formas, CD's, casetes, videos, DVD, discos Blu-ray, libros electrónicos, audiolibros, bases de datos y otros formatos.[4]

Las primeras bibliotecas en la historia humana consistieron en archivos de la primera forma de escritura, tablillas de arcilla en escritura cuneiforme descubiertas en Sumer, con algunas que datan de 2600 AC. Mucho más tarde, bibliotecas privadas o personales compuestas de libros escritos aparecieron en la Grecia clásica en el siglo 5to. AC.[5]

Aunque la palabra "biblioteca" no se menciona en la Biblia, hay una amplia referencia bíblica de que materiales escritos tales como libros, pergaminos, etc. podrían haberse guardado en una biblioteca real o celestial.[6] Esdras lo menciona como el libro de las memorias:

> *Ya que nosotros somos leales súbditos de usted y no queremos que se deshonre al rey de esa manera, hemos enviado esta información a su majestad. Sugerimos que se investigue en los registros de sus antepasados,*

en los que descubrirá lo rebelde que fue esa ciudad en la antigüedad. De hecho, fue destruida a causa de su larga y conflictiva historia de rebelión contra los reyes y las naciones que la controlaban.[7]

Estos versículos del libro de Esdras demuestran que las bibliotecas realmente existieron durante los tiempos bíblicos, pero ¿será que las escrituras apoyan la posibilidad de que exista una biblioteca espiritual en los lugares celestiales?

En Job 13:23-26 (RVR1960) encontramos este pasaje que provoca a reflexionar sobre esto:

> *¿Cuántas iniquidades y pecados tengo yo? Hazme entender mi transgresión y mi pecado. ¿Por qué escondes tu rostro, y me cuentas por tu enemigo? ¿A la hoja arrebatada has de quebrantar, y a una paja seca has de perseguir? ¿Por qué escribes contra mí amarguras, y me haces cargo de los pecados de mi juventud?*

Estos versículos indican que Dios registró y almacenó en algún lugar del cielo el pecado de Job y la iniquidad de sus antepasados.

Otro pensamiento: ¿Hay una biblioteca impía en los lugares celestiales donde el enemigo registra los derechos legales que puede usar contra nosotros, a causa de la iniquidad en nuestra línea generacional? Sí, hay un lugar como ese:

> *Él (Jesús) anulando el acta de los decretos que había contra nosotros, que nos era contraria, quitándola de en medio y clavándola en la cruz.*[8]

De regreso a la clase de discernimiento: Después de percibir la biblioteca, tiré la pregunta: "¿Alguno aquí ha luchado con una condición o situación que no ha podido romper durante algún tiempo?" Una mujer muy talentosa que solía trabajar para Apple compartió que ella no había sido capaz de encontrar un trabajo a pesar de que estaba bien calificada y no podía entender por qué nadie quería contratarla. La invité a venir adelante y le pedí al Señor que entrara en la biblioteca celestial y revelara el derecho legal del enemigo que impedía que esta mujer consiguiera un empleo. Cuarenta de nosotros esperamos en el Señor para responder.

Unos minutos más tarde una mujer compartió que acababa de tener una visión y se preguntaba si esta era relevante. Le pedí que la compartiera y dijo que había visto en el espíritu un grupo de personas encadenadas juntas tobillo con tobillo. Se me ocurrió que la visión era acerca de la esclavitud y dos preguntas surgieron en mi espíritu: ¿Estaba esta mujer teniendo dificultades para encontrar un trabajo porque sus antepasados habían sido esclavizados? O, ¿estaba la mujer luchando por encontrar trabajo porque sus antepasados fueron dueños de esclavos? Le pregunté qué escenario podría aplicar a su familia. Ella oró y respondió: "Creo que mis antepasados eran dueños de esclavos." Sin nada que perder, le sugerí que se arrepintiera y renunciara al haber sido dueños de esclavos en su línea familiar. Ella lo hizo bien dispuesta, y de inmediato compartió que algo empezó a levantarse de la parte superior de su cabeza. Al día siguiente recibí un mensaje de Facebook informándome que le habían ofrecido no uno, sino dos empleos. Hoy ella está empleada y está descansando en la gracia de Dios. El Señor dice:

Cumpliré lo que te preocupa. [9]

Lo que le preocupaba a esta mujer increíblemente talentosa era que no podía, por alguna razón inexplicable, encontrar un trabajo para mantenerse a sí misma. Consciente de esto, el Señor proveyó la revelación necesaria, la cual fue almacenada en los cielos, para que ella experimentara el irrumpimiento y se presentaran las opciones de empleo que ella necesitaba. ¡No se puede inventar esto!

Paul Cox sostiene que la biblioteca celestial puede funcionar como un repositorio o depósito de todo lo que se piensa y se dice, no sólo para una persona sino también para aquellos en la línea generacional familiar. También cree que el diseño original que se encuentra en el ADN y el ARN de cada persona puede estar también contenido en la biblioteca.

¿Qué pasa si la biblioteca en el cielo, es como la biblioteca del sistema operativo de computadora, en contraste con la biblioteca tradicional en la que normalmente pensamos? Y, ¿qué pasa si, la iniquidad generacional es como un virus informático que libera las instrucciones equivocadas en la vida de una persona? ¿Cómo se desmantela un virus informático? Eliminando los archivos incorrectos o cambiando las instrucciones incorrectas, porque la biblioteca en un sistema informático, es un grupo de rutas que contienen carpetas, archivos e instrucciones. Para rectificar algo que no está funcionando correctamente en una computadora, los técnicos deben identificar las carpetas defectuosas y eliminarlas para que las instrucciones apropiadas puedan fluir.

Cuando nos arrepentimos y renunciamos a nuestro pecado[10] y al pecado de nuestros antepasados [11], ¿eliminamos los archivos que han estado dándole al enemigo el derecho legal de devastar nuestras vidas? El desafío que enfrentamos a menudo es que no sabemos qué derechos legales o carpetas defectuosas el enemigo está guardando en la biblioteca impía. El registro de las deudas contra nosotros ha sido anulado en la cruz, [12] pero cada una debe ser llevada a la cruz y darle muerte[13] a medida que son reveladas. ¿Es posible que el Señor quiera ayudarnos a identificar las carpetas defectuosas que contienen las instrucciones equivocadas en las líneas generacionales de las personas, para que podamos traer los virus impíos a la muerte en la cruz y experimentar un irrumpimiento sobrenatural?

Dios desea liberar Su sabiduría múltiple y multifacética. Sus soluciones para el avance de la gente, a través de la Iglesia; [14] eso significa que es ¡a través de nosotros! Con esta verdad en mente, no es extraño pensar que el Señor pudiera traer la revelación de la biblioteca celestial, para ayudarnos a ayudar, a que otros tengan un irrumpimiento en sus vidas.

[1] 2 Samuel 5:20 NTV

[2] Marcos 16:18

[3] Juan 14:12

[4] https://it.wikipedia.org/wiki/Libreria

[5] Ídem.

[6] Esdras 4:14-15; Ezequiel 2:9-10, 3:1-3; Job 13:26, 31:35; Salmos 139:16; Malaquías 3:16; Apocalipsis 5:1-3,20:12

[7] Esdras 4:14-15

[8] Colosenses 2:14 RV1960

[9] Salmos 138:8 (Traducción de la versión en inglés NASB)

[10] 1 Juan 1:9

[11] Daniel 9:13-19

[12] Colosenses 2:14

[13] Colosenses 3:5

[14] Efesios 3:8-10

32

CAPÍTULO TREINTA Y DOS

Rescatada de la Playa (Categoría 27)

Después de esto, Jesús viajó de un pueblo a otro, anunciando las buenas nuevas del reino de Dios. Los doce estaban con él, y también algunas mujeres que habían sido sanadas de malos espíritus y enfermedades: María llamó a Magdalena de la cual habían salido siete demonios; Juana, la mujer de Chuza, la encargada de la casa de Herodes; Susana; y muchos otros.[1]

En 1996, recibí una llamada telefónica de un hombre que me notificaba que su esposa acababa de suicidarse a través de una sobredosis de drogas. La noticia no fue una sorpresa porque me había compartido semanas antes que tenía intención de quitarse la vida.

Deprimida durante años, sintió que no tenía otra opción. Le rogué que no hiciera eso, pero ella no podía ser persuadida, y me pidió que cuidara de su hija María, que era miembro de nuestra familia de la iglesia. Dije que lo haría y de mala gana, me despedí.

Me mantuve en contacto con María durante unos años, hasta que desapareció del radar. Hechizada por su novio, por otra mujer y profundamente herida por el suicidio de su madre, se hundió en la depresión y se convirtió en adicta al "Hielo".[2] Tristemente, durante este tiempo ella también perdió la custodia de ambos de sus niños en manos de los Servicios de Protección del Niño, y también perdió su trabajo.

Tiempo después escuché de la congregación, que María estaba viviendo en la playa. Una tarde mi esposa y yo estábamos conduciendo por Ala Moana Boulevard cerca de Waikiki y vimos una mujer a la distancia y pensamos que podría ser María. Me pregunté cómo podía ponerme en contacto con ella, corrí la voz de que quería contactar a María y oramos. El Señor respondió, ella llamó y aceptó reunirse en el Centro Comercial Windward para la cena. Después de la cena le pregunté si estaba dispuesta a recibir oración en la oficina de la iglesia con mi secretaria y conmigo. Ella estuvo de acuerdo.

En la oficina oramos para que el Señor bendijera a María, la ayude a recuperar a sus hijos y a conseguir un trabajo. Para nuestra sorpresa, el Señor tenía otros planes, cuando comenzamos a cancelar el espíritu que mantenía a María cautiva de las drogas, ella comenzó a gritar muy fuerte. Fue una experiencia similar al tiempo en que Jesús se enfrentó y expulsó al espíritu maligno que mantenía a un hombre en esclavitud espiritual. Los mismos fenómenos espirituales también ocurrieron en Samaria cuando los seguidores de Jesús comenzaron a difundir su mensaje más allá de Jerusalén:

El espíritu impuro sacudió violentamente al hombre y salió de él con un grito.[3]

Los que habían sido esparcidos predicaban la palabra dondequiera que fueran. Felipe bajó a una ciudad de Samaria y proclamó allí al Mesías (Cristo). Cuando la muchedumbre escuchó a Felipe y vio las señales que él realizó, todos prestaron mucha atención a lo que él dijo. Con gritos, salían espíritus impuros de muchos, y otros que estaban paralizados o cojos fueron sanados. Así que hubo gran alegría en esa ciudad.[4]

La adicción a las drogas es un amo cruel. Las agencias gubernamentales y los ministerios de iglesias han tratado de abordar esta terrible plaga en nuestra sociedad, a través del programa de los Diez Pasos que fueron promovidos por Alcohólicos Anónimos, y aunque AA es un excelente recurso que ha ayudado a millones de personas esclavizadas por el abuso de sustancias, ¡el Espíritu Santo es un golpe mucho mayor! María salió de la oficina de la iglesia esa noche libre del espíritu de la brujería, el espíritu que mantiene a los adictos enganchados. Hoy en día, ella está viviendo una vida exitosa. Ama y sirve a Jesús con todo su corazón, tiene a sus hijos de regreso, está casada, ha obtenido un título universitario y está dando de regreso a la comunidad como consejera de abuso de sustancias en nuestra ciudad. Estoy orgulloso de María porque por la gracia de Dios ha superado muchos obstáculos. Ella es un milagro caminando.

[1] Lucas 8:1-3 NTV

[2] Una forma altamente purificada de metanfetamina.

[3] Marcos 1:26 NTV

[4] Hechos 8:1-4 NTV

33

CAPÍTULO TREINTA Y TRES

Milagro en el Mercado "Farmer's Market"
(Categoría 28)

> *La oración ferviente de una persona justa tiene mucho poder y da resultados maravillosos.*[1]

El miércoles por la tarde, Donna, la misma que reparte el correo, que oró por las dos mujeres con arterias bloqueadas, fue a nuestro centro comercial local para comprar frutas y verduras en el Farmer's Market. Mientras caminaba alrededor, Donna notó que uno de los vendedores parecía estar desanimado. Le preguntó por qué se veía tan triste. Mirando a su alrededor, murmuró, "No hay clientes." Inteligentemente, Donna preguntó: "¿Puedo orar para que Dios traiga gente a su negocio?"

Jesús instruyó a Sus discípulos a que bendijeran al pueblo y que oraran por sus necesidades:

> *"Cuando entren en la casa de alguien, primero digan: "La paz de Dios sea sobre esta casa". Si los que viven en la casa son gente de paz, la bendición permanecerá; si no lo son, la bendición regresará a ustedes. No cambien de una casa a otra. Quédense en un lugar, coman y beban lo que les den. No duden en aceptar la hospitalidad, porque los que trabajan merecen recibir su salario. Si entran en un pueblo donde los reciben bien, coman todo lo que les ofrezcan. Sanen a los enfermos y díganles: "El reino de Dios ahora está cerca de ustedes."*[2]

Donna conocía este pasaje, así que oró para que el Señor enviara clientes al vendedor. Tan pronto como terminó de orar, miró a sus espaldas y se sorprendió al ver a una larga fila de clientes esperando para comprar sus productos. El vendedor, como usted puede imaginar, estaba emocionado. Ahora, ¡esto es respuesta a la oración!

Mientras Donna compartía este testimonio con nuestra congregación, ella también mencionó que su corazón era llevar a este hombre a Jesús. Donna lo entiende. Ella se da cuenta de que el vendedor quizás nunca pueda poner los pies en nuestra iglesia y que ella puede ser que sea la única que le diga lo que Jesús hizo por él. El reino de Dios no es una cuestión de hablar sino de poder,[3] y cuando Su reino viene, aparece el Rey. El Señor milagrosamente encontró al vendedor en su necesidad, para despertarlo a la realidad de quien es Él.

No hay duda de que este Jesús se está moviendo hoy, fuera de los cuatro muros de la iglesia. ¿Nos vamos a mover con Él?

[1] Santiago 5:16b NTV

[2] Lucas 10:5-9 NTV

[3] 1 Corintios 4:20 NTV

34

CAPÍTULO TREINTA Y CUATRO

Milagro de Recuperación a Largo Plazo *(Categoría 29)*

Pueden pedir cualquier cosa en mi nombre, y yo la haré, para que el Hijo le dé gloria al Padre. Es cierto, pídanme cualquier cosa en mi nombre, y yo la haré.[1]

Un mensaje de texto de Joni, una mujer de nuestra congregación, llegó pidiendo oración urgente por su marido Scott, que había sufrido un accidente cerebrovascular masivo en el trabajo. La palabra sobre su situación se volvió viral en las redes sociales, y una intensa intercesión subió delante del Señor en su nombre.

La vida de Scott estaba pendiendo de un hilo, mientras las oraciones de muchos eran faxeadas al cielo, y unos días más tarde seguía vivo y capaz de sentarse en la cama, aunque incapaz de comunicarse y frustrado por su incapacidad de hablar. Según Joni, fue un milagro que él sobreviviera. También compartió que podía sentir las oraciones del pueblo de Dios y sabía sin duda que la razón por la que su esposo vivió, fue por la oración.

Como hemos visto, no todos los milagros de Dios son instantáneos. A veces Él sana con el tiempo, y en tales casos, Romanos 8:28 es un versículo al que todo creyente tiene que aferrarse:

> *Y sabemos que Dios hace que todas las cosas cooperen para el bien de quienes lo aman y son llamados según el propósito que él tiene para ellos.*

En el caso de Scott, la recuperación duró ocho meses con mucho trabajo, requiriendo mucha confianza en Dios y una gran paciencia; sin embargo, a pesar de los retos diarios, Scott y Joni perseveraron. Mientras Scott progresaba lentamente, Joni informó que él estaba decidido a aprovechar su dolor y aprender de la experiencia. Romanos 5:3-5 nos dice que los desafíos y las pruebas forman el carácter de Jesús dentro de nosotros cuando abrazamos nuestro dolor y aprendemos de él:

> *También nos alegramos al enfrentar pruebas y dificultades porque sabemos que nos ayudan a desarrollar resistencia. Y la resistencia desarrolla firmeza de carácter, y el carácter fortalece nuestra esperanza segura de salvación. Y esa esperanza no acabará en desilusión. Pues sabemos con cuánta ternura nos ama Dios, porque nos ha dado el Espíritu Santo para llenar nuestro corazón con su amor.*

En enero del 2016, ocho meses después de rosar la muerte, Scott y Joni asistieron a una reunión de liderazgo de la iglesia, donde elocuentemente compartió que durante su recuperación el Señor le mostró que la mayoría de las decisiones que había tomado a lo largo de su vida habían sido basadas en el temor en lugar de en la fe. También compartió que sin el derrame, no habría tenido esta revelación. Muchos en la habitación esa noche fueron impactados profundamente por la visión de Scott.

Desafortunadamente, muchos de los que buscan a Dios para el alivio instantáneo de las pruebas a las que se enfrentan, a menudo quieren una solución rápida que eluda el proceso divino de la formación del carácter. Dios ama intervenir sobrenaturalmente a nuestro favor, pero también hay estaciones cuando Él mata las nocivas estructuras demoníacas en nuestras almas que nos impiden ser conformados a la imagen de Su Hijo. Si estamos dispuestos a morir a nosotros mismos y permitir que el Padre nos pode durante estas estaciones, nos acercaremos a Él y nos volveremos más parecidos a Jesús en carácter.

[1] Juan 14:13-14 NTV

35

CAPÍTULO TREINTA Y CINCO

Irrumpimientos Dimensionales (Categoría 30)

Entonces Jacob se despertó del sueño y dijo: "¡Ciertamente el Señor está en este lugar, y yo ni me di cuenta!"; pero también tuvo temor y dijo: "¡Qué temible es este lugar! No es ni más ni menos que la casa de Dios, ¡la puerta misma del cielo!" [1]

Entonces, mientras miraba, vi una puerta abierta en el cielo, y la misma voz que había escuchado antes me habló como un toque de trompeta. La voz dijo: "Sube aquí, y te mostraré lo que tiene que suceder después de esto". [2]

Hacia el final del servicio de un domingo en noviembre de 2015, tres pastores, incluyéndome a mí, nos agrupamos, para tratar de discernir cómo el Señor quería ministrar a la congregación. Más temprano esa mañana, el pastor Joel Weaver había pronunciado un poderoso mensaje sobre el arrepentimiento. Cuando buscamos al Señor, uno de los pastores vio en una visión lo que parecía una columna de agua, que se volvió más clara y se convirtió en un géiser. ¿Qué decía el Señor? Momentos después recibí un mensaje de texto de un intercesor de la congregación, que compartió que vio una puerta en el Espíritu al frente. Convencidos de que Dios nos invitaba a caminar a través de la puerta y dentro del géiser en el Espíritu, invitamos a la congregación a venir adelante y hacer eso. Cuando la gente pasó por la puerta entraron en un lugar celestial.[3] Algunos comenzaron a llorar al encontrarse con el amor intenso de Dios, mientras que otros experimentaron momentos de renuevo. Más temprano, el pastor Joel había animado a la congregación a arrepentirse de cualquier asunto que el Señor hubiera revelado durante su mensaje.

> *Ahora pues, arrepiéntanse de sus pecados y vuelvan a Dios para que sus pecados sean borrados.*[4]

Muchas personas experimentaron encuentros dramáticos con el Señor, cuando se hizo evidente que estaban siendo desplazados de los lugares impíos a los lugares justos. Un testimonio enviado por correo electrónico por una mujer, que experimentó el toque sanador de Dios del abuso sexual infantil, es una ilustración de esto:

> Cuando me acerqué a la puerta, sentí calor en mis pies. Mientras seguía caminando hacia la puerta, sentí lo que parecía un fuego que subía por mis piernas. Rápidamente, el fuego se movió a cada parte de mí, estableciéndose en mis brazos. Cuando levanté mis manos al cielo, caí de rodillas y empecé a gritar. Al instante, supe que había sido liberada de un lugar donde estaba atrapada, ya que un tremendo sentido de libertad inundó todo mi ser y el amor de Dios llenó mi corazón. El pastor Rob me preguntó si había sido abusada cuando era niña y después de que dije que sí, él declaró: "El Señor te ha librado de la impiedad."

La longitud justa es un lugar en los reinos celestiales atado a la intimidad sexual, dentro del pacto del matrimonio. Si una persona ha tenido relaciones sexuales fuera del matrimonio (es decir, violada, molestada o incluso ha visto pornografía), partes de su espíritu y alma se unirán/quedarán atrapadas en esa longitud impía. Cuando las partes del espíritu y el alma de una son retenidas en esta dimensión injusta, se sentirán solos, aislados o desconectados de los demás. La mujer que compartió que ella había sido liberada de la longitud impía, confirmó esto cuando resumió su mensaje por correo electrónico:

> Cuando llegué a casa esa tarde, lloré y lloré. Me sentí muy agradecida por el amor que mi Padre Celestial había derramado sobre mí. Había perdido mi identidad e inocencia en la mano de una niñera a la edad de tres años. Había sufrido emocionalmente durante años como una prisionera encerrada en la cárcel. El domingo, Dios me sacó de esa

mazmorra y restauró lo que había sido tomado (partes de su espíritu y alma) de mí.

De vez en cuando, oigo a la gente decir: "Lo/la perdoné por lo que me hizo hace años, pero todavía hay una parte de mí que los odia." A la inversa, otros pueden decir, "Terminé con esta/aquella persona hace diez años, pero todavía hay una parte de mí que los ama." He observado una y otra vez que la principal razón por la que la gente lucha emocionalmente después del abuso sexual, la actividad sexual antes del matrimonio o el adulterio, es porque hay partes de su espíritu y su alma que están atrapados en lugares celestiales impíos.

Pensemos en el daño que podríamos hacerle al reino de las tinieblas si equipamos el cuerpo de Cristo, para ayudar a las personas que se encuentran en estos lugares oscuros a ser libres. Vivimos en una sociedad inmoral donde todo se vale, lo que significa que por defecto millones están atrapados en lugares celestiales impíos. Debemos enseñar a nuestro pueblo no sólo a arrepentirnos y a vivir rectamente, sino también a equiparlos para luchar con éxito contra las fuerzas invisibles que los mantienen encarcelados.

Seis meses más tarde, la mujer que había sido sanada de abuso sexual en la infancia, me envió un emocionante correo electrónico:

> Recibí un pedido de un compañero de trabajo para visitar a su padre en el hospital. Repentinamente afectado con parálisis en los brazos y las piernas, no pudo sentarse. Lo visité esa noche. De pie junto a su cama, junto con los miembros de su familia, me presenté y le dije: "Normalmente, cuando visito a alguien en el hospital llevo flores o un regalo. Esta noche, me gustaría darte un regalo diferente, un regalo que cambiará su vida."
>
> Habiendo aprendido previamente de mi compañero de trabajo que su padre estaba lleno de ira y amargura con su ex esposa, compartí cómo el Señor me había liberado recientemente de las fortalezas de la ira y la amargura que había mantenido hacia la niñera que me había molestado de niña. Después de compartir mi testimonio, le pregunté: "Si

usted tuviera ira o amargura hacia alguien hoy, ¿cree que podría perdonarlos?" Su respuesta inmediata fue ¡un sí definitivo! Entonces, le pedí que identificara a quién no había perdonado. Señaló a su ex esposa que estaba de pie junto a él, y nombró a otro miembro de la familia que no estaba presente. Él los perdonó a ambos y le pedí al Señor que restaurara su corazón. Luego le pregunté si quería recibir a Jesús como su Señor y Salvador personal. Se arrepintió de sus pecados y se convirtió en miembro de la familia de Dios. No había un solo ojo seco en la habitación. Antes de irme, le pedí a Jesús que sanara todas las partes de su cuerpo y lo animé a darle gracias a Jesús por su completa sanidad. Al día siguiente fue dado de alta del hospital, no sólo capaz de sentarse sino también de caminar.

Durante una sesión ministerial, una mujer compartió: "No sé por qué, pero parece que no puedo conectarme con los demás." Le pregunté acerca de su infancia y respondió que su padre había muerto antes de que ella naciera, pero su mamá se volvió a casar y su padrastro comenzó a molestarla a la edad de seis años. Después de escuchar esta horrible historia le expliqué acerca de la longitud impía y le pregunté si quería experimentar la libertad. Ella estuvo de acuerdo, sin saber qué esperar. Le pedí que orara:

> Señor Jesús, renuncio y me arrepiento por mi línea familiar y por mí misma, por todas las relaciones sexuales impías que me han colocado en la longitud impía. Por favor, remueve todas las partes del alma y del espíritu que se han unido a mí en la longitud impía debido a ser tocada de maneras impías o sexualmente contaminada antes del matrimonio. Señor, por favor, quita todas mis partes de la longitud impía. Por favor junta todas las partes del alma y del espíritu que fueron esparcidas a través de la red y de la longitud impía, y regrésamelas a través de Tu sangre, según tu diseño original. Ahora declaro que sólo me uniré a Ti y a mi esposo. Ahora rompo todos los lazos sexuales impíos entre yo y cualquier persona en mi línea familiar y entre yo y cualquier otra

persona. Por favor, quita todas mis partes de esa longitud impía. En el nombre de Jesús, amén.

Cuando esta mujer oró, lloró mientras el Señor recuperaba las partes de su espíritu y alma que habían sido atrapadas en la longitud impía y se las regresó, restaurándola plenamente. Varios días más tarde me enteré de que ella estaba mucho mejor.

"¿Cómo puedo ayudarte?" Le pregunté a una pareja sentada frente a mí. "Quiero ser libre", respondió la esposa. "Yo también", murmuró el marido. "¿Cuál es el problema?", pregunté, y durante la siguiente hora, enojados señalaron las faltas de cada uno, con golpes bajos. Repetidamente les pedí a ambos que se perdonaran uno al otro y se movieran en amor, pero ignoraron mi consejo y continuaron citando ofensas pasadas. Con la sesión casi terminada, me levanté y me acerqué a ellos para orar y dar una bendición para poder irme a casa- así de malo era. Acerqué la silla del marido junto a su esposa y comencé a bendecir su matrimonio. Mientras oraba, tuve la impresión de que debía quitar el dispositivo entre ellos que estaba torciendo su comunicación. Con absoluta falta de comprensión de esa instrucción, declaré: "Señor, por favor, quita cualquier cosa que el enemigo haya puesto entre Tu hijo y Tu hija que está torciendo sus palabras." Lo que siguió fue asombroso. Esta pareja que había estado en la yugular del otro durante la última hora, en lágrimas, cayeron uno en los brazos del otro y se perdonaron entre sí. Salí dirigiéndome a mi coche minutos después, preguntándome qué había pasado.

Unos días más tarde, llamé a Paul Cox y le compartí la experiencia. Me compartió que él había experimentado ese mismo fenómeno al trabajar con parejas casadas y explicó que cuando una pareja era incapaz de conectarse entre sí, es probable que ambos estén atrapados en la longitud impía.

> *Porque el mismo Cristo nos ha traído la paz. Él unió judíos y gentiles en un solo pueblo cuando, en su propio cuerpo en la cruz, derribó el muro de hostilidad que los separaba. Él hizo esto terminando el sistema de la ley con sus mandamientos y regulaciones. Hizo la paz entre judíos y gentiles creando en sí mismo un nuevo pueblo entre los dos grupos. Juntos*

como un solo cuerpo, Cristo reconcilió ambos grupos con Dios por medio de su muerte en la cruz, y nuestra hostilidad hacia los demás fue condenada a muerte.[5]

Cuando el Señor me instruyó remover el dispositivo demoníaco que estaba distorsionando la comunicación entre este esposo y la esposa, la verdad de Efesios 2:14 fue activada, y el muro de hostilidad que los separaba fue removido. Ahora capaces de ver y oír el punto de vista del otro, se abrazaron.

Recientemente, el pastor de esta pareja compartió que su relación ha mejorado dramáticamente y ahora tenían esperanza para su futuro. Todavía hay problemas en los que trabajar, pero se dirigen en la dirección correcta. La poderosa lección que aprendí es que los problemas matrimoniales difíciles no pueden tratarse solo con la consejería. Las barreras invisibles de la hostilidad que separan a las parejas en los reinos celestiales deben ser removidas en el nombre de Jesús.

[1] Génesis 28:16-17 NTV

[2] Apocalipsis 4:1 NTV

[3] Efesios 2:6 NTV

[4] Hechos 3:19 NTV

[5] Efesios 2:14-16 NTV

CAPÍTULO TREINTA Y SEIS

El Poder de la Oración Desesperada *(Categoría 31)*

Entonces vino otro ángel con un recipiente de oro para quemar incienso y se paró ante el altar. Se le dio una gran cantidad de incienso para mezclarlo con las oraciones del pueblo de Dios como una ofrenda sobre el altar de oro delante del trono. El humo del incienso, mezclado con las oraciones del pueblo santo de Dios, subió hasta la presencia de Dios desde el altar donde el ángel lo había derramado. Entonces el ángel llenó el recipiente para quemar incienso con fuego del altar y lo lanzó sobre la tierra; y hubo truenos con gran estruendo, relámpagos y un gran terremoto.[1]

Era de noche y el teléfono sonaba. Al levantar el teléfono escuché a Tischa Lehfeldt, una de nuestras pastoras asociadas, llorando frenéticamente: "¡Rob, el doctor dice que Brad (el hermano menor de Tischa) va a morir!" "No te preocupes Tischa; Voy a ponerlo en el Facebook para que la gente ore. Va a estar bien."

Colgué el teléfono, salté sobre mi IPad y posteé un clamor urgente de oración a favor de Brad, explicando que tenía complicaciones que ponían en peligro su vida y que necesitaba una cirugía inmediatamente.

En cuestión de minutos, cientos de personas que conocían a Tischa y Brad respondieron, pidiendo fervientemente a Dios que interviniera en nombre de Brad.

Poco sabíamos cuando intercedíamos, que uno de los mejores cardiólogos del mundo "justo estaba pasando" a visitar el hospital, y por la infinita gracia y misericordia de Dios, él realizó la complicada cirugía de Brad, reparando la aorta de Brad desde su pecho hasta abajo del muslo izquierdo.

Una vez más, vemos que cuando nuestras oraciones colectivas llenan los tazones en los lugares celestiales, se inclinan para volver a la tierra como una oración contestada. [2, 3]

> *Y cuando tomó el rollo, los cuatro seres vivientes y los veinticuatro ancianos se postraron delante del Cordero. Cada uno tenía un arpa y llevaba copas de oro llenas de incienso, que son las oraciones del pueblo de Dios.*[4]

Brad casi murió en su apogeo, pero el pueblo de Dios alteró su destino. ¿Usted sabía que sus oraciones podrían cambiar la mente de Dios?

> *El Señor le dijo a Moisés: — ¡Baja ya de la montaña! Tu pueblo, el que sacaste de la tierra de Egipto, se ha corrompido. ¡Qué pronto se apartaron de la forma en que les ordené que vivieran! Fundieron oro y se hicieron un becerro, y se inclinaron ante él y le ofrecieron sacrificios. Andan diciendo: "Oh Israel, estos son tus dioses que te sacaron de la tierra de Egipto". Después el Señor dijo: — He visto lo terco y rebelde que es este pueblo. Ahora quítate de en medio, para que mi ira feroz pueda encenderse contra ellos y destruirlos. Después, Moisés, haré de ti una gran nación. Pero Moisés trató de apaciguar al Señor su Dios. — ¡Oh Señor! —le dijo—, ¿por qué estás tan enojado con tu propio pueblo, el que sacaste de la tierra de Egipto con tan gran poder y mano fuerte? ¿Por qué dejar que los egipcios digan: "Su Dios los rescató con la mala intención de matarlos en los montes y borrarlos de la faz de la tierra"? Abandona tu ira feroz; ¡cambia de parecer en cuanto a ese terrible desastre con el que amenazas a tu pueblo! Acuérdate de tus siervos Abraham, Isaac y Jacob. Tú mismo te comprometiste con ellos bajo juramento diciendo: "Haré que sus descendientes sean tan numerosos como las estrellas del cielo, y entregaré a sus descendientes toda esta tierra que prometí darles, y ellos la poseerán para siempre". Entonces el Señor cambió de parecer en cuanto al terrible desastre con que había amenazado destruir a su pueblo.*[5]

Brad está vivo y bien hasta el día de hoy porque el pueblo de Dios oró fervientemente a su favor. ¡Todo lo que sube tiene que bajar!

La oración es más que dar gracias en la cena o pedirle a Dios por el buen clima. Es el gatillo espiritual que libera el gobierno de Dios, o dominio del Rey, en cualquier situación.

La oración puede ser comparada a un termostato. Por definición, un termómetro es un dispositivo que mide la temperatura de un ambiente, mientras que un termostato es un dispositivo que regula la temperatura.[6]

Debido a que el Príncipe de la Paz vive en nosotros, tenemos la capacidad sobrenatural de alterar el ambiente espiritual dondequiera que estemos.[7] Sin embargo, no alteraremos el clima espiritual si no estamos conscientes de que el Cristo que vive en nosotros desea interactuar con los que nos rodean.

Caminando hacia un restaurante para almorzar con mi esposa, noté a una mujer sin hogar sentada en un banco y sentí que el Señor me pedía que le preguntara si podía comprar su almuerzo. Con suavidad preguntándole qué le gustaría, sus ojos perforaron mi corazón mientras ella respondía con un suave susurro propio: - ¿Puedes traerme un poco de jugo de naranja y una pequeña taza de fideos? -¿Eso es todo lo que quieres? -Sí -dijo ella.

Le compré lo que me pidió, se lo di y regresé al restaurante preguntándome cuánta gente había pasado por allí en el día sin haberla visto. No transformaremos nuestros pueblos y ciudades si no vemos o nos preocupamos por las personas necesitadas.

Un domingo por la tarde, la iglesia acababa de terminar y yo tenía hambre. Manejé a un centro comercial cercano para comer en mi restaurante favorito y noté que la gerente estaba sentada sola en una mesa. Sentándome con ella, charlamos un poco hasta que le pregunté cómo estaba. La expresión de su rostro cambió al revelar lo difícil que era encontrar buen personal, cumplir con los objetivos de la empresa y vivir una vida equilibrada. Estaba cansada, frustrada y lista para renunciar a su trabajo. Después de ofrecerme a orar por ella, la bendije, le pedí al Espíritu Santo que viniera y dije: "Amén." Ella alzó la vista con una gran sonrisa en su rostro y dijo: "¡Necesitaba esto! Sólo sentí que electricidad atravesaba todo mi cuerpo. Me siento mucho mejor."

Recuerde, los termómetros miden la temperatura mientras que los termostatos establecen la temperatura. Aquellos que viven el "estilo de vida egoísta" reaccionarán a su entorno, mientras que aquellos que viven el estilo de vida de "Jesús" ¡cambiarán su entorno!

[1] Apocalipsis 8:3-5 NTV
[2] Apocalipsis 8:3-5
[3] Jim Goll, del libro: *The Lost Art of Intercession (El Arte Perdido de la Intercesión)* (Destiny Image Publishers, 2001), 39
[4] Apocalipsis 5:8 NTV
[5] Éxodo 32:7-14
[6] http://www.leadingwithtrust.com "¿Es usted un termómetro o un termostato?"
[7] Jeremías 29:5-7

CAPÍTULO TREINTA Y SIETE

Hasta...

> *Ahora bien, Cristo dio los siguientes dones a la iglesia: los apóstoles, los profetas, los evangelistas, y los pastores y maestros. Ellos tienen la responsabilidad de preparar al pueblo de Dios para que lleve a cabo la obra de Dios y edifique la iglesia, es decir, el cuerpo de Cristo. Ese proceso continuará hasta que todos alcancemos tal unidad en nuestra fe y conocimiento del Hijo de Dios que seamos maduros en el Señor, es decir, hasta que lleguemos a la plena y completa medida de Cristo.*[1]

Algunos dicen que los ministerios de apóstol y de profeta ya no están en operación hoy, sosteniendo que después de que Dios pusiera en acción a la Iglesia del primer siglo, los ministerios del apóstol y profeta ya no eran necesarios.[2] Lamentablemente, esta posición teológica ha mantenido grandes partes de la Iglesia del Nuevo Testamento en la infancia espiritual. El ministerio apostólico-profético es necesario para que la Iglesia establezca un fundamento sano:

> *Juntos constituimos su casa, la cual está edificada sobre el fundamento de los apóstoles y los profetas. Y la piedra principal es Cristo Jesús mismo.*[3]

Muchos comprenden el ministerio de profeta, pero pocos comprenden el papel o la función de un apóstol. Para aclarar cualquier confusión, vamos a definir el término en su contexto original. J.D. King, Director Internacional de Revival Network, proporciona una definición clara y comprensible del significado de este término en un artículo, ¿Es Usted Un Apóstol?[4]

Para entender el significado de esta palabra, uno también debe entender los problemas crecientes en este período antiguo. Roma, en particular, se enfrentaba a una crisis de superpoblación y a la disminución de los recursos. Sin territorios adicionales para el suministro y la redistribución de la población, el tejido social podría deshacerse.

En respuesta a esta crisis creciente, el emperador envió flotas de barcos a conquistar territorios vecinos. Estos eran sus 'apóstoles.'

Mientras que toda esta armada naval se llamaba 'apostolos' o 'los enviados', el término estaba particularmente asociado con el barco principal y su almirante.

En esta peligrosa misión el almirante tenía un deber esencial que cumplir. Mientras que cada hombre en la compañía era comisionado para luchar, él estaba allí para asegurar algo más. Vea, este apóstol fue comisionado para traer la civilización de Roma a este nuevo territorio. Transformando los sistemas legales, financieros y educativos, se aseguró de que la nueva tierra fuera como en casa.

Nosotros tendemos a hacer muchas otras cosas, pero en su núcleo el apóstol era simplemente un hacedor de cultura. Él estaba allí para hacer que las cosas se vieran y se sintieran como en Roma. A través de sus labores, el nuevo territorio se convirtió en un destacado puesto del imperio; un lugar en el que incluso el emperador se sentía cómodo visitando.

Si el apóstol completaba con éxito su misión estableciendo la cultura romana en una nueva región, el propio emperador estaría dispuesto a visitar ese territorio.

Según King, los apóstoles son los establecedores que traen la cultura del cielo a la tierra, creando así un lugar para que el Rey de Reyes pueda morar. ¿Qué es específicamente esta cultura? Es la cultura de la familia. El Rey se siente atraído por las familias de la Iglesia que están criando hijos e hijas maduras en un ambiente amoroso incondicional que proporciona estímulo profético, sanidad de las estructuras de orfandad del corazón, desarrollo del carácter y entrenamiento para las obras sobrenaturales del ministerio en el mercado y en el mundo. Resumiendo, el corazón de un apóstol es criar hijos e hijas maduros, entrenados y equipados, cuya alegría es cumplir la Gran Comisión.[5]

Lea de nuevo Efesios 4:13 (LBLA), y subraye la palabra 'hasta', prestando especial atención a tres frases específicas: 'unidad de la fe', 'conocimiento del Hijo de Dios' y 'madurez'.

> *… hasta que todos lleguemos a la unidad de la fe y del conocimiento pleno del Hijo de Dios, a la condición de un hombre maduro, a la medida de la estatura de la plenitud de Cristo;*

Los cinco ministerios de Jesús continuarán funcionando hasta que la Iglesia esté unida en un solo propósito, en intimidad con Jesús y madura en Cristo.

La familia mundial de Dios se ha unido a lo largo de las dos últimas décadas a pesar de las diferencias teológicas y las prácticas de la iglesia. El 9 de abril del 2016, varias corrientes del Cuerpo de Cristo se reunieron en el Coliseo de Los Ángeles, California, para celebrar el 110 aniversario del inicio del Renacimiento de la Calle Azuza. Durante este asombroso evento, diferentes miembros del cuerpo se arrepintieron por ofensas pasadas, se lavaron los pies mutuamente y se bendijeron. Los líderes apostólicos y proféticos que entendieron la importancia de llevar el cuerpo de Cristo a estar unánimes, encabezaron este evento de 15 horas. La frase "unánimes" se menciona doce veces en el Nuevo Testamento[6], lo que significa que es clave para soltar el gobierno de Dios en toda la tierra. Cuando estamos unánimes, el reino de Dios se manifestará en medio nuestro.[7] La palabra griega para unánimes es 'homothumudon', que significa 'aunar los brazos con un mismo propósito.' Cuando unimos los brazos con un mismo propósito, literalmente creamos una pista de aterrizaje para el Espíritu Santo. A medida que avanzamos en una unidad creciente con otros creyentes, más grande es la pista de aterrizaje, invitando al Espíritu Santo a aparecerse aún con más poder.

En los círculos militares una pista de aterrizaje o zona de aterrizaje se conoce como LZ, o zona de aterrizaje. Los vehículos más grandes requieren zonas de aterrizaje más grandes que la de los pequeños. Por ejemplo, el helicóptero Boeing V-22 Osprey requiere una zona de aterrizaje significativamente mayor porque genera vientos huracanados cuando aterriza. Si queremos que los vientos huracanados del Espíritu Santo aterricen en nuestro medio y que transforme nuestras familias, ciudades y estados, debemos expandir la LZ del Espíritu Santo, uniendo nuestros brazos con un mismo propósito. Estar unidos no significa que debemos tener las mismas creencias teológicas o practicar nuestra fe de la misma manera que los demás. Sin embargo, la unidad requiere que compartamos y practiquemos los valores centrales del reino, tales como amar a Dios, amarnos unos a otros, orar y alcanzar a los perdidos.

La unidad también requiere que no nos critiquemos o juzguemos unos a otros, sino que reconozcamos, aceptemos y apoyemos los dones y llamamientos únicos que Dios ha distribuido a través de Su Cuerpo. El apóstol Pablo instó a los Efesios a:

> … *Hagan todo lo posible por mantenerse unidos en el Espíritu y enlazados mediante la paz.*[9]

Cuando somos diligentes para amarnos y apoyarnos mutuamente a pesar de nuestras diferencias, los vientos huracanados del Señor aterrizarán en nuestro medio para sanar a los enfermos, liberar a los endemoniados y sumar a nuestros números, diariamente.[10] No podemos permitirnos condenar o criticarnos unos a otros porque una casa dividida no puede mantenerse,[11] y una casa dividida no atraerá la presencia del Señor. Por eso Jesús nos mandó a que nos amemos los unos a los otros.[12]

Además de dar a luz a una unidad de la fe, el Señor también ha soltado la revelación del conocimiento del Hijo de Dios, o del ser hijo. Jesús no era sólo 'el' Hijo sino también 'un' Hijo. Caminó tan de cerca con Su Padre que Él sabía lo que el Padre estaba haciendo en todo momento. El Espíritu Santo ha sido diligente llevando a la Iglesia, a la transición de una orfandad a una familia de hijos e hijas. El propósito detrás de este movimiento del Espíritu es llevarnos a un lugar de intimidad con el Padre para que nosotros, como el Hijo, podamos saber lo que el Padre está haciendo. Así como los apóstoles y los profetas han estado trabajando con el Señor para llevar a la Iglesia a una mayor unidad, también han estado ocupados llevando a la familia de Dios, la revelación de ser hijos. Esto ha sido necesario para que funcionemos sobrenaturalmente.

La palabra 'conocimiento' o 'epignosis' requiere una lección griega rápida. 'epi' significa 'sobre', y 'gnosis" significa 'conocimiento adquirido a través de una relación de primera mano o conocimiento experiencial'.[13] Hoy gran parte de la Iglesia es impulsada por el propósito, un movimiento de Dios que ha demostrado ser increíblemente fructífero, pero creo que el mayor deseo del Señor es que seamos guiados por Su presencia.[14]

David habló de los placeres eternos a la diestra de Dios,[15] refiriéndose a la presencia embriagadora del Señor. Temerosos de ofender a los no creyentes, hemos trabajado horas extras para hacer que nuestras iglesias sean atractivas para el mundo. Por el contrario, el Rey David fue atraído por el placer eterno que experimentó cuando estaba en la presencia de Dios.[16] Esto no quiere decir que nos volvamos insensibles a las necesidades de aquellos que buscan seriamente al Señor, pero necesitamos hacer espacio para que el Señor se mueva en nuestros servicios como Él lo desea. Esto desafiará a muchos, pero para aquellos que buscan el conocimiento del Hijo, esto será un cambio de vida.

Jesús enseñó:

> *Las semillas que cayeron entre los espinos representan a los que oyen el mensaje, pero muy pronto el mensaje queda desplazado por las preocupaciones, las riquezas y los placeres de esta vida. Así que nunca crecen hasta la madurez.*[17]

¿Qué es la madurez? El diccionario de Webster lo define como 'la condición de estar plenamente desarrollado.' Jesús hizo una declaración interesante sobre la madurez:

> *Pero tú debes ser perfecto, así como tu Padre en el cielo es perfecto.*[18]

La palabra griega para perfecto es el adjetivo, 'téleios', derivado de la palabra 'télos', que significa 'meta consumada'; maduro por ir a través de las etapas necesarias para alcanzar la meta final o por el cumplimiento del proceso necesario del viaje espiritual de uno. La raíz 'tel' significa 'llegar al final.' Es como el telescopio de un pirata, extendiéndose una etapa a la vez, para funcionar en su plena capacidad y efectividad.[19]

Para resumir, la función de los cinco ministerios, es triple: traer a la Iglesia, a la unidad, a una relación íntima con el Hijo de Dios y a la madurez. ¿Por qué el Señor desea que nosotros nos convirtamos en hijos e hijas maduros? Es simple, porque conoceremos, como el Hijo, lo que el Padre está haciendo.

Juan proporciona un ejemplo perfecto de tal madurez, o saber lo que el Padre está haciendo:

> *"Maestro —le dijeron a Jesús—, esta mujer fue sorprendida en el acto de adulterio. La ley de Moisés manda apedrearla; ¿tú qué dices?" Intentaban tenderle una trampa para que dijera algo que pudieran usar en su contra, pero Jesús se inclinó y escribió con el dedo en el polvo. Como ellos seguían exigiéndole una respuesta, él se incorporó nuevamente y les dijo: "¡Muy bien, pero el que nunca haya pecado que tire la primera piedra!" Luego volvió a inclinarse y siguió escribiendo en el polvo. Al oír eso, los acusadores se fueron retirando uno tras otro, comenzando por los de más edad, hasta que quedaron solo Jesús y la mujer en medio de la multitud.*[20]

¿Qué estaba haciendo Jesús cuando se agachó y escribió con Su dedo en el suelo? Creo que estaba teniendo una discusión interna con el Padre. Me imagino que su conversación fue algo así: "Padre, esta mujer ha violado la ley. Ella merece ser apedreada hasta la muerte. ¿Qué quieres que haga?" "Hijo, estoy liberando la revelación de la gracia en la tierra. Bajo la ley todos han pecado y merecen morir, pero por Su ejemplo estoy revelando que la misericordia triunfa sobre el juicio. Dile a aquellos que quieren matarla: 'El que no tiene pecado, que eche la primera piedra', y dile a Mi hija preciosa que se vaya y no peque más."

A medida que nos volvemos más maduros seremos capaces de ver lo que el Padre está haciendo y bendecir a aquellos a quienes el Padre está bendiciendo. Por la transición a esta estación gloriosa, seremos revelados a toda la creación como Sus hijos e hijas y completaremos las grandes obras de Jesús.[22]

[1] Efesios 4:11-13 NTV

[2] 1 Corintios 13:8-10

[3] Efesios 2:20

[4] http://worldrevivalnetwork.blogspot.com/2011/12/are-you-apostle.html

[5] Mateo 28:18-20

[6] Hechos 1:14, 2:1, 2:46, 4:24, 5:12, 7:57, 8:6, 12:20, 15:25, 18:12, Hechos 19:29 y Romanos 15:6

[7] Hechos 2:42-47, 4:23-41 NTV

[8] http://www.preceptaustin.org/"Homothumudon"

[9] Efesios 4:3 NTV

[10] Hechos 5:12-16, NTV

[11] Marcos 3:23-25

[12] Juan 13:34-35

[13] http://www.biblehub.com / "Epignosis"

[14] Éxodo 13:21

[15] Salmo 16:11

[16] Salmo 63:1-8

[17] Lucas 8:14 NTV

[18] Mateo 5:48 NTV

[19] http://www.biblehub.com / "Teleios"

[20] Juan 8:4-9 NTV

[21] Romanos 8:19

[22] Juan 14:12

38

CAPÍTULO TREINTA Y OCHO

Pensamientos Finales

Jesús alentó a Sus seguidores cuando dijo:

> *Ustedes conocen el dicho: "Hay cuatro meses entre la siembra y la cosecha", pero yo les digo: despierten y miren a su alrededor, los campos ya están listos para la cosecha.*[1]

El 23 de marzo del 2016, tres hombres lanzaron un mortal ataque terrorista contra la nación de Bélgica y la comunidad internacional, matando a treinta y un personas e hiriendo a cientos más. A medida que la noticia de esta tragedia se extendía a través del internet, lo obvio quedó claro: no hay lugar que sea inmune a los ataques premeditados del lobo solitario, del soldado de infantería o del grupo de células terroristas, y esas personas son capaces de penetrar todas las facetas de la sociedad e infligir un gran daño cuando están dispuestos a morir por su causa.[2]

Las tácticas militares de nuestros enemigos han pasado de las tácticas convencionales (empleando grandes fuerzas terrestres) a las tácticas de pequeñas células (soldados de infantería) en las últimas dos décadas. Al igual que nuestros militares, la Iglesia Americana sigue usando principalmente métodos evangelísticos convencionales para llegar a la gente (es decir, invitar a la gente a la iglesia). Aunque cientos de miles de no creyentes han recibido a Jesús como su Señor y Salvador personal en los últimos 25-50 años, multitudes de no creyentes siguen sin ser alcanzados. Si deseamos sinceramente llegar a aquellos que no han oído o experimentado el evangelio, debemos cambiar nuestro pensamiento de usar métodos convencionales a regresar a la forma en que el Señor y sus primeros seguidores evangelizaron a sus comunidades en el primer siglo.

Jesús era un soldado de infantería. Durante tres años caminó de un lado a otro por el campo israelí sanando a los enfermos y liberando a los endemoniados:

> *Este es el mensaje de la Buena Noticia para el pueblo de Israel: que hay paz con Dios por medio de Jesucristo, quien es Señor de todo. Ustedes saben lo que pasó en toda Judea, comenzando en Galilea, después de que Juan empezó a predicar su mensaje de bautismo. Y saben que Dios ungió a Jesús de Nazaret con el Espíritu Santo y con poder. Después Jesús anduvo haciendo el bien y sanando a todos los que eran oprimidos por el diablo, porque Dios estaba con él.*[3]

Jesús era un estratega evangelístico. Él modeló un estilo de vida natural sobrenatural para que Sus seguidores lo imitaran. Penetró en pequeños pueblos y aldeas enviando a los apóstoles de dos en dos.[4] En enero de 2016, Lance Wallnau publicó un video provocador en su página de Facebook, *Micro Church*. Wallnau profetizó que el Señor estaba activando a pequeños grupos de creyentes a través de nuestra nación para penetrar en la sociedad para alcanzar a los no alcanzados. La micro iglesia, aseguró Wallnau, no reemplazaría a las iglesias actuales, sino que liberaría el poder de Dios, para transformar vidas en lugares que las mega iglesias no podrían.

El mundo no judío no habría oído del evangelio si Pedro no hubiera visitado la casa del centurión italiano, Cornelio, para hablarles de Jesús.[5] Ni el carcelero de Filipos ni su familia habría oído nunca el Evangelio, si Pablo y Silas no les hubieran hablado de Jesús.[6]

Así como los gobiernos de todo el mundo no han podido detener el avance del terrorismo, Satanás y sus hordas no podrán detener el avance del reino de Dios, si nosotros, la Iglesia, captamos y abrazamos la visión para ser equipados para obras sobrenaturales, fuera de los muros de la iglesia tradicional.

A medida que la persecución crecía contra la Iglesia del primer siglo en Jerusalén, el Señor dispersó deliberadamente miles de creyentes a través del campo circundante. El fruto de su estrategia fue asombroso:

> *Ese día comenzó una gran ola de persecución que se extendió por toda la iglesia de Jerusalén; y todos los creyentes excepto los apóstoles fueron dispersados por las regiones de Judea y Samaria... Así que los creyentes que se esparcieron predicaban la Buena Noticia acerca de Jesús adondequiera que iban. Felipe, por ejemplo, se dirigió a la ciudad de Samaria y allí le contó a la gente acerca del Mesías. Las multitudes escuchaban atentamente a Felipe, porque estaban deseosas de oír el mensaje y ver las señales milagrosas que él hacía. Muchos espíritus malignos fueron expulsados, los cuales gritaban cuando salían de sus víctimas; y muchos que habían sido paralíticos o cojos fueron sanados. Así que hubo mucha alegría en esa ciudad.*[7]

La Iglesia primitiva no era una mega iglesia que reunía a multitudes de creyentes en un lugar, sino una micro iglesia llena de creyentes individuales como Felipe, que liberó el poder de Dios donde quiera que iba.

El desafío que enfrentamos hoy en día es el de la revelación. ¿Reconoceremos que Dios quiere entrenarnos y equiparnos para obras sobrenaturales de ministerio más allá de nuestros servicios del fin de semana?

Hay multitudes de no creyentes esperando a que los hijos e hijas de Dios se levanten y ministren el amor de Dios hacia ellos donde viven y trabajan. La pregunta fundamental es: "¿Estamos dispuestos a cruzar la línea del miedo que existe entre la seguridad de nuestras tradiciones, prácticas e iglesias dentro del mundo del no creyente?"[8]

He destacado algunas de mis experiencias junto con las de otros, que han visto al Señor moverse sobrenaturalmente fuera de nuestro lugar de los domingos, para producir un cambio tangible en la vida de las personas. Mi corazón no ha sido criticar a la Iglesia sino más bien animarla a permitir que el Espíritu Santo establezca Su agenda. Leyendo el Nuevo Testamento, veo una Iglesia que estaba dedicada al discipulado, con un entrenamiento supernatural para ministrar con poder.[9] La Iglesia primitiva no tenía ni una ni otra mentalidad, sino más bien ambas. Hoy, la Iglesia parece estar orientada a la palabra, sin lo sobrenatural; o a lo sobrenatural, sin la palabra. Cuando Pablo visitó una sinagoga judía en Tesalónica, él hablaba basado en las escrituras para razonar con el pueblo, algunos de los cuales eran judíos; pero también había muchos hombres griegos temerosos de Dios y mujeres prominentes que fueron persuadidos a entregar sus vidas a Jesús.[10]

A primera vista, la iglesia de Tesalónica parecía haber sido una iglesia solo de la Palabra, pero Pablo y Silas trajeron las buenas noticias a los Tesalonicenses no sólo con palabras sino también con poder.[11] Aquellos que recibieron a Jesús como Señor y Salvador durante esta evangelística plantación de iglesias, fueron tan transformados por el Espíritu y la Palabra, que se convirtieron en un ejemplo para todos los creyentes en Macedonia y Acaya. La Palabra les fue primero presentada a ellos, y luego autenticada por el poder.

La Iglesia ha resistido finalmente cada movimiento importante del Espíritu Santo. Sin embargo, no es de sorprender, que dondequiera que la Iglesia no ha sido fuerte, el fuego del avivamiento ha sido encendido. ¡Ven, Espíritu Santo!

---

[1] Juan 4:35 NTV

[2] Por ejemplo, el bombardeo de la maratón de Boston; el asesinato de personas inocentes en la sala de conciertos Bataclan en París; el tiroteo masivo de personas que asistieron a la fiesta en el Inland Regional Center en San Bernardino y el asesinato de cuarenta y nueve personas en un club nocturno Gay en Orlando, Florida.

[3] Hechos 10:36-38 NTV

[4] Lucas 9:1-6, 10; Lucas 10:1-12, 17-20

[5] Hechos 10:17-48

[6] Hechos 16:25-34

[7] Hechos 8:1b, 4-8 NTV

[8] Hechos 2:42, 17:11; 1 Timoteo 3:16-17

[9] Hechos 2:43, 5:12-16, 19:11

[10] Hechos 17:1-3

[11] 1 Tesalonicenses 1:5

APÉNDICE

¿Ha Recibido Usted a Jesús?

Lo puede recibir ahora mismo por medio de la fe. Dios conoce su corazón y no se preocupa por sus palabras tanto como de la actitud de su corazón. Con sinceridad, ore:

> Señor Jesús, te necesito. Gracias por morir por mí en la cruz para pagar la pena por mis pecados. Abro la puerta de mi corazón y te recibo como mi Señor y Salvador personal. Gracias por perdonarme mis pecados y por darme la vida eterna. Toma el control de mi vida y moldéame en la clase de persona que Tú quieres que sea. Amén.

GLOSARIO DE TÉRMINOS

Altura: Un lugar dentro de los reinos celestiales - una dimensión del amor de Dios. El lugar donde gobernamos y reinamos como hijos e hijas (Génesis 1: 26-28, Romanos 8:19, Efesios 3:18). Cuando una persona está atrapada en la altura impía experimentará dificultades para alcanzar su potencial dado por Dios.

Anchura: Un lugar dentro de los reinos celestiales - una dimensión del amor de Dios donde nos relacionamos unos con otros (Efesios 3:18). La anchura es la dimensión espiritual donde permanecen el amor, la esperanza, la fe y la confianza. Experimentar la anchura justa es experimentar la alegría del Padre y de los otros. Cuando partes de una persona están atrapadas en la anchura impía, tendrán dificultad para confiar en los demás.

Ancianos: En el Nuevo y el Antiguo Testamento dicen que hay tres categorías de ancianos: los ancianos (Génesis 50: 7), los líderes nombrados que supervisan y protegen a la familia de Dios (1 Timoteo 5:17), y los seres espirituales creados que rodean al Trono de Dios (Apocalipsis 4: 4, 10).

Aneurisma cerebral: Un aneurisma es un punto anormal y débil en un vaso sanguíneo que causa un abultamiento hacia el exterior o globo de la pared arterial. Estos puntos débiles pueden involucrar a todas las paredes del vaso sanguíneo (aneurisma fusiforme), formar un saco en una pared (sacular) y/o separar las paredes del vaso (disección). Un aneurisma puede afectar a cualquier vaso en el cuerpo, pero sólo los de la cabeza pueden causar una condición grave, un accidente cerebrovascular hemorrágico cuando se rompen, lo que puede conducir a daño cerebral y a la muerte.

Asera, imagen de: Un árbol sagrado o un palo que estaba cerca de lugares religiosos y cananeos para honrar a la diosa madre, Asera, la consorte de Baal (2 Crónicas 33: 1-3).

Atrapamiento: Ocurre cuando una parte del alma de una persona (mente, voluntad y emociones) está aprisionada en un lugar celestial impío, en las profundidades, longitud, altura y anchura impías (Salmos 86:13; 88:3-6).

Baal: Sustantivo semítico que significa señor, dueño o amo; el dios supremo adorado en Canaán y Ponencia; un dios de la fertilidad; involucrados en la prostitución ritual en los templos y sacrificios humanos, usualmente del primogénito del que hace el sacrificio; se cree que es el príncipe del inframundo (Números 25: 1-3).

Bipolaridad, trastorno de: Una enfermedad que causa oscilaciones dramáticas del humor - de sentirse excesivamente arriba y/o irritable a sentirse triste y desesperanzado, y luego otra vez, a menudo con períodos de un humor normal, en medio. Los cambios severos en energía y del comportamiento, van junto con estos episodios. Los períodos altos y bajos se llaman episodios de manía y depresión. A menudo no se reconoce como una enfermedad, y la gente puede sufrirlo durante años, antes de que sea diagnosticado y tratado correctamente.

Bodhisattva: Es un seguidor de Buda que está en el camino hacia un Despertar.

Brujería: Espíritu demoníaco que se infiltra en el alma de una persona que lo lleva a controlar y manipular a otros. También se manifiesta cuando un individuo se rebela contra la autoridad divina (1 Samuel 15:23, Gálatas 3: 1).

Budismo: Una religión con cerca de 300 millones de personas alrededor del mundo. La palabra viene de 'budhi', 'despertar'. Tiene sus orígenes cerca de unos 2.500 años atrás, cuando Siddhartha Gotama, conocido como Buda, fue despertado (iluminado) a la edad de 35 años.

Búsqueda del Tesoro: Es ir a lugares públicos en busca de individuos que el Señor quiere sanar y alentar.

Celos: Una fortaleza demoníaca que afecta el sistema cardiovascular de una persona. Ataca a aquellos que han sido desplazados por otra persona, como un cónyuge rechazado en favor de un amante. (Génesis 4: 1-8, 1 Samuel 18: 6, Proverbios 27: 4, Hechos 13:45).

Discernimiento: Un don espiritual o gracia que sobrenaturalmente permite al creyente distinguir entre el bien y el mal (Hebreos 5:14).

Dones de Sanidad: Es la virtud sobrenatural del Espíritu Santo dispensada a los miembros del cuerpo de Cristo, con el propósito de sanar a los enfermos y liberar a los cautivos (1 Corintios 12:10).

Espíritus Elementales: La palabra griega para 'espíritus elementales' es 'stochiea'. Los stochiea son seres vivos en la tabla periódica y son esencialmente los bloques básicos de la vida (Colosenses 2: 8, 20) y están conectados a la sanidad física.

ETS: Infección o enfermedad transmitida por contacto sexual, causada por bacterias, virus o parásitos.

Faltas, buscador de: Una asignación demoníaca que seduce al pueblo de Dios a apartar sus ojos de la perfección de Jesús en el otro, y a encontrar las imperfecciones del otro, resultando en un espíritu de crítica (Mateo 7: 1-5).

Fortaleza de Orfandad: Una fortaleza es un tema profundamente arraigado a lo espiritual y emocional que tiene una fuerte influencia sobre la perspectiva de un individuo en la vida. La fortaleza de orfandad es una mentalidad que convence a un individuo de la falta de pertenencia, y que se debe ganar el amor de la gente o que no puede confiar en nadie. La palabra griega para huérfano es 'Orphanos', que significa 'sin consuelo'. En Juan 14:18, Jesús dijo que Él no dejaría a Sus seguidores sin consuelo, sino que les enviaría al Consolador.

Hijos e Hijas: Aquellos que conocen el amor incondicional del Padre. Ellos saben que pertenecen a la familia de Dios (Romanos 8: 14,19).

Hindú: Un seguidor del hinduismo (la religión dominante de la India y Nepal).

Horno Encendido del Señor: La presencia ardiente del Señor (Éxodo 19:18; Malaquías 4:1).

Impartición: Dar un don espiritual mediante la imposición de manos y la oración (Romanos 1:11).

Jehová Rafa: Uno de los nombres de Dios que significa "Dios está sanando" (Éxodo 15:26, Jeremías 30:17).

Kwan Yin: La diosa de la misericordia en el panteón de los dioses chinos.

Liberación: Cuando el Espíritu de Dios expulsa una influencia demoníaca del cuerpo o alma de una persona (Marcos 1:32-34).

Liberación Generacional: Ministerio de oración bajo la dirección del Espíritu Santo que trata con la iniquidad en la línea familiar, con el propósito específico de aliviar las fortalezas espirituales y físicas (2 Reyes 5:27).

Longitud: Un lugar dentro de los reinos celestiales - una dimensión del amor de Dios. La intimidad sexual está en la longitud divina, mientras que la sexualidad impía está en la longitud impía (Efesios 3:18).

Masonería: Una sociedad secreta que se originó en las Islas Británicas. El grado 33, es el nivel más alto de conocimiento esotérico que un masón puede alcanzar. Los masones maldicen sus cuerpos cuando participan en sus rituales secretos.

Migraña: Dolor de cabeza de variable intensidad, a menudo acompañado de náuseas y sensibilidad a la luz y al sonido.

Milagro: Una sanidad instantánea (Juan 5:1-17).

Moloc: Deidad principal sobre los cananeos, el dios del fuego al cual se le hicieron sacrificios de niños (Levítico 18:21, 20: 2-5; 1 Reyes 11:7).

Negociación Impía: Un intercambio injusto que un individuo hace a favor de los dioses. El pueblo cananeo sacrificó a sus hijos en los fuegos de Moloc para protección, para lograr buenas cosechas, etc. (Levítico 18:21).

Polvo de Oro: Una manifestación de la gloriosa presencia de Dios. En Éxodo 12: 35-36, los israelitas robaron el oro a los egipcios. Más tarde, el oro fue utilizado para decorar el patio interior y el lugar Santísimo en el Tabernáculo de Moisés y sus muebles (Éxodo 25: 10-18, 23-40; 26: 6). El oro fue presentado a Jesús como una señal de Su divinidad (Mateo 2:11).

Portones y Puertas: Los portones son entradas o aberturas a los lugares celestiales, mientras que las puertas son entradas o aberturas dentro de los lugares celestiales (Génesis 28: 10-16, Isaías 45: 1-3, Apocalipsis 4: 1).

Profundidad: Un lugar dentro de los reinos celestiales - una dimensión del amor de Dios (Efesios 3:18). La profundidad es el lugar espiritual donde nuestra alma (mente, voluntad y emociones) permanece. La profundidad impía es un lugar injusto dentro de los reinos celestiales, donde la condena, pena, culpa, vergüenza son empoderadas por la crítica, el abuso sexual y el trauma (Génesis 37:35, Salmo 86:13, 88: 3-6).

Puerta del Irrumpimiento: Una apertura celestial a través de la cual los cautivos son capaces de salir o caminar libres del cautiverio espiritual (Miqueas 2:13).

Sanidad Interior: Ministerio de oración que se ocupa de las heridas emocionales del pasado de una persona.

Sumergirse: Pasar tiempo en la presencia de Dios acompañado de música ungida.

Tabla Periódica: Una disposición tabular de los elementos químicos, ordenada por los números atómicos (número de protones), configuraciones electrónicas y propiedades químicas recurrentes.

Unción: Una gracia divina o empoderamiento en un individuo para ministrar con poder sobrenatural a otros (Lucas 4: 18-19).

Vidente o Atalaya: Un creyente al que se le ha dado la capacidad divina para ver la actividad espiritual (ángeles, demonios, puertas, portones, etc.) en el ámbito espiritual (1 Samuel 9: 9-19; 2 Reyes 6:17).

ACERCA DEL AUTOR

En 1992, el Pastor Rob Gross plantó Mountain View Community Church en Kaneohe, Hawái, donde continúa sirviendo como pastor principal junto con su esposa, Barbara. Él entrena y equipa pastores en otras iglesias y dedica tiempo entrenando al pueblo de Dios para el servicio del reino. Es reconocido como un pastor a los pastores, y tiene un ministerio de consejería y de oración conocido por traer irrumpimiento y sanidad a la vida de las personas. Ha enseñado talleres y seminarios incluyendo "Los Dones del Espíritu", "Evangelismo Profético", "El Nuevo Hombre", "La Fortaleza de Orfandad" y "La Bendición del Padre".

Rob creció en Kaneohe Hawái y es de ascendencia judía y japonesa. Se graduó en Iolani High School y obtuvo su licenciatura y los honores Phi Beta Kappa de la Universidad de Hawái. Después de trabajar cinco años en el mercado financiero, obtuvo su Maestría en Divinidad del Seminario Bautista Golden Gate. Ha ministrado tanto en Estados Unidos como en el extranjero, en países como Hong Kong, Irlanda, Japón, Guam y Tailandia. De 1997 al 2002, Rob lideró el "Watch of the Lord®"; una reunión de intercesión mensual y multi-denominaciones que le pidió al Señor un avivamiento en las Islas Hawaianas.

En el 2001, Rob ayudó a lanzar "96744 Unidos en Oración", y sirvió en el directorio de "808 Unidos en Oración". También sirvió como capellán del equipo de béisbol de Castle High School, por ocho años.

Rob ha estado casado con Barbara por treinta y dos años, tiene tres hijos adultos (Jordan, Brandon y Jonathan), dos nueras (Stephanie y Michelle) y una nieta (Olivia).

Visite la página web del autor en www.familylegacyinternational.org

www.ingramcontent.com/pod-product-compliance
Lightning Source LLC
Chambersburg PA
CBHW031644040426
42453CB00006B/206